あなたの知らないあなたの強み

宇宙兄弟と
ＦＦＳ理論が教えてくれる

古野俊幸
Toshiyuki Furuno

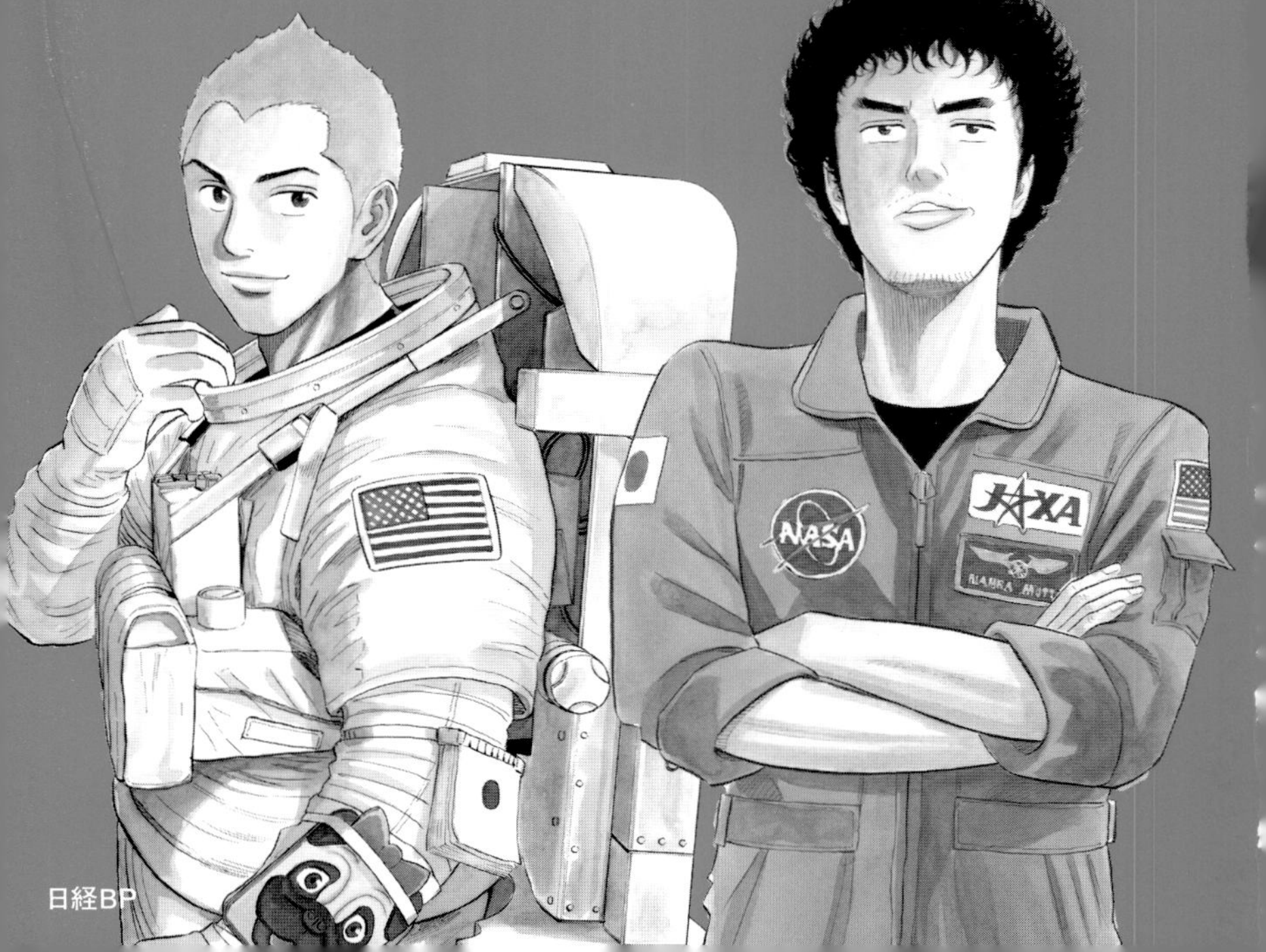

日経BP

宇宙兄弟と
ＦＦＳ理論が教えてくれる

あなたの知らない
あなたの強み

古野俊幸
Toshiyuki Furuno

日経BP

「グーみたいな奴がいて
チョキみたいな奴もいて
パーみたいな奴もいる
誰が一番強いか
答えを知ってる奴　いるか？」

『宇宙兄弟』5巻　＃39
JAXA宇宙飛行士選考試験現場での南波 六太の発言

まえがき

この本の狙いと読み方

ヒューマンロジック研究所代表取締役　古野俊幸

本書は、人気コミック『宇宙兄弟』を題材にして、人の個性への理解を深め、個性の活かし方を学んでいただくことを目的としています。

ビジネスパーソンによくある悩みや問題を取り上げ、それらの悩みや問題に『宇宙兄弟』の登場人物たちがどのように立ち向かっていくのかを、人の個性を科学的に分析する「FFS理論」を用いながら解説していきます。

『宇宙兄弟』の世界観にすでに親しんでいる人はもちろん、マンガを読んだことのない人も、誰もが楽しんでいただける内容になっています。

FFS理論は、ソニー、本田技術研究所、リクルートグループ、LINEなど、延べ約800社で導入されています。私はこの25年間、FFS理論の普及に努める中で、多くの方々と出会いました。経営者だけで約千人。創業者に限っても五百名を下りません。企業の人事部門に携わる方々で数千人以上、一般社員となれば数万人もの方々にお会いして、話を伺ってきました。

自己理解が人生の基盤

その中で、数多くの「成功者」と出会いました。

もちろん、人によって「成功」のイメージは違います。事業を成功させること、夢を実現すること、成長や達成感を得ること、「無事之《これ》名馬」という格言にあるように、日々心配事や諍《いさか》い事なく家族や仲間に囲まれて楽しく幸せに生きること……、これらすべてを「成功」と定義しています。

そういう成功した人たちには、共通点があります。

「自分の特性を理解し、強みを活かし、弱みは仲間と補完している」ということです。

逆に言うと、成功者の個性に何か共通した特徴があるわけではない。

ということは、「自分の特性を知り、強みを発揮できる状況を逃がさず、弱いところは助けてもらう」ことを意識すれば、どんな人にも成功をつかめる可能性がありそうです。

一方、知識や経験は豊富にもかかわらず、「悩み苦しんだ人」にも出会ってきました。

話を伺っていて強く感じたのは、彼らは自分に自信がなく、自己否定的で、うまくいかない人間関係に傷ついている。仕事でもプライベートでも、どこか無理をしながら生きているということです。

その原因を探っていくと、結局のところ、自己理解が不十分か、もしくは間違った自己理解に行きつきます。「自分はこうありたい」という憧れから自分自身を偽り、自分の個性に合わないやり方や行動パターンを自らに強いているケースはよく見られます。

つまり、「自己理解」は人生を成功に導くための基盤であり、活き活きとキャリアを伸ばしていくための指針ともいえるのです。

また、人間関係での悩みも聞きます。自分では「よかれ」と思ってとった言動が、相手を不愉快にしたり、不安にしたり、傷つけたりすることがあります。

例えば、部下から「これ、どうしましょう?」と質問を受けて、「そうだね。君の思うように、自由にやっていいよ」と答えたとします。部下の成長に配慮した上司の発言だったとしても、部下には「放り出された」「いい加減な指示」と受け取られてしまう。その結果、予想外の部下の反応（時には反撃）に遭い、理由がわからず、戸惑ったり悩んだりするという話をよく聞きます。

こうしたすれ違いは、お互いの個性の違いを理解していないことが原因です。自分にとっては好ましい言動も、個性の違う相手にとってはストレス状態を生む場合があるのです。

「役に立つ」ことが最重要

自己理解や他者理解に役立つ理論として、本書でご紹介するのがＦＦＳ理論です。この理論で診断される個別的特性（以下「個性」）を知れば、自分の強みや弱みだけでなく、「なぜこの場面で相手がこんな行動や考え方をするのか」「なぜ相手は不愉快になったのか」がわかります。自分は「よかれ」と配慮したつもりが、異なる個性の人には「ストレッサー」（ストレス状態を引き起こす要因）になる、ということを理解できるのです。

自分の個性を知り、相手の個性を知れば、少なくとも相手をストレス状態に追い込むことなく対話ができるようになります。それは、相手にとってはスムーズにあなたの言葉を理解できることにつながり、関係の改善、向上につながります。

もちろん、理論そのものの押し売りをするつもりはまったくありません。要は「役に立つか、立たないか」だと思います。

例えば人間関係の中で、理解しにくい言動に出合ったときに、「これは、自分とは違うタイプの考え方が背景にあるのでは」と気づくことができたら、ムダな誤解や気まずさを避けられる。そのためのヒントになれば、筆者としては十分に嬉しいことです。

なぜ『宇宙兄弟』なのか

では、なぜ『宇宙兄弟』が題材として相応しいのか、これについて説明しましょう。

『宇宙兄弟』は、宇宙飛行士を目指す南波六太（ムッタ）と南波日々人（ヒビト）の兄弟の成長と活躍を描く人間ドラマです。

兄のムッタは、「ドーハの悲劇（※）」の日に生まれたことを自虐的に語るような主人公です。発想がそもそもネガティブで、失敗することを恐れて、やりたいことから逃げてきました。彼がメーカーをクビになったところから物語がスタートし、周囲のサポートを得ながらなんとか宇宙飛行士になり、さらに希望である月に行き、様々なトラブルを乗り越えていくという成功物語です。（※1993年10月28日にカタールの首都・ドーハで行われたサッカーのFIFAワールドカップ予選試合のこと。日本代表はイラク代表に試合終了間際で同点に追いつかれ、目前にしていたワールドカップ初出場を逃しました）

物語の主人公はこのネガティブ思考の人、ムッタです。

なんでも後ろ向きで、まさに「自分に自信がなく、自己否定的」だったムッタが、人との出会いを通じて「自分の特性を理解し、強みを活かし、弱みは仲間と補完」する人間に成長していく様子が生き生きと描かれています。

ＦＦＳ理論を基にムッタの言動を観察・分析すると、日本人の平均値に近い個性だと推測できます。『宇宙兄弟』が多くの読者の共感を生んでいる背景かもしれません。日本人の平均値に近い個性の主人公がどう成長し、人間関係を作っていくかを学ぶことができる。これが『宇宙兄弟』を題材とする第一の理由です。

また、『宇宙兄弟』には、様々な個性の登場人物が登場するだけでなく、一人ひとりのエピソードが丁寧に描かれています。

宇宙飛行士を目指した背景が語られたり、人との出会いを通じて動機づけられたり、反対に挫折を経験したりする場面もあります。それらのシーンでは、その個性に特有な癖はもちろん、個性がポジティブに発揮された状態や、ネガティブに出てしまった状態も描かれています。そのため、人の個性や人間関係を理解しやすいのです。

特に、宇宙飛行士たちは、地上クルーまで含めたチームワークが重視されます。マンガでも、宇宙飛行士選抜試験から訓練、実践に至るまで、チーム内でのやり取りが多く描かれています。

例えば、選抜試験の最終選考では、チームメンバーがお互いに疑心暗鬼になるようにわざと仕向けられる場面があります。「あいつが犯人か」と疑うのか、「その行動には別に理由があるのでは」と冷静になろうとするのか、人の情動が引き出されるシーンです。だからこそ、読み手は気持ちを揺さぶられます。感情移入できる物語だからこそ、結果的に「人の個性とは」「リーダーとは」「チームとは」を学ぶことができるのです。

自分と似た個性のキャラクターが見つかる

私たちは、自分の個性に似ている人に共感を覚えます。本書で解説する『宇宙兄弟』の登場人物とFFS理論から、自分と「個性が似ている」人を見つけて、その人物が直面する課題やそれに対する解決策、チームでの活躍の場面から、自分の職場やビジネスシーンでの問題解決のヒントを得ていただけると思います。「うん、それわかる、わかる」「それ、ついやっちゃうな」と登場人物に親近感を覚える場面がきっとあるはずです。その人物を鏡にして、自己理解につなげていただけたら、と考えています。

反対に、自分とは違う個性を持つ人は理解しにくいものですが、これについても、『宇宙兄弟』に登場する多彩な個性のキャラクターたちがヒントを与えてくれるはずです。「なぜそんな言い方をするのか」「なぜそんな判断を下したのか」などを、そのときの言動や判断の背景、心理状態などを踏まえて解説していきます。職場の上司や同僚、後輩、仕事で出会った人たちなど、これまで理解できなかった相手を理解するための参考にしていただけると思います。

企業がＦＦＳ理論を取り入れる目的も、「自己理解と他者理解」です。チーム全体で活用すれば、仕事仲間の個性の理解も深まります。特に、上司と部下との面談（one on one）の際には効果があると思います。

この本を通して、自分と部下は「似ているのか・いないのか」「長所と弱点を補完しやすいのか・しにくいのか」を把握したうえで、相手の個性に合った育成法や動機付けを学んでいただくことで、ミスコミュニケーションを減らし、持ち味を引き出すことができるはずです。新人の配属先を検討したり、異動先をシミュレーションしたりすることも可能です（深く学んでいただくことで、「成果を出せるチームの編成」もできるようになります）。

この本を通して学んでいただきたいところ

この書籍を読んでいただくことで、

・自分のことをよく理解する（自己理解）

・周りの人の個性を深く理解する（他者理解）

・人との付き合い方を学ぶ

・より良い意思決定をするポイントを会得する

・強みを活かすことで、誰もがエースになれる

こうした点を学べるように構成しました。

なお、本書を購入していただいた方への特典として、ＦＦＳ理論による個性診断（宇宙兄弟バージョン）ができる特設サイトを設けています。18ページの解説に従ってお試しください（企業単位で活用していただく正規の診断結果とは異なりますことをご了承くださ い。既に企業にて診断を済まされている方は、ご自身の結果を見ながら読んでいただければ、より理解が進むと思います）。

また、本書の中にも簡易診断をご用意しています。24ページをどうぞ。ただし、簡易版は精度が落ちることをご了解ください。

幸せな仕事、幸せな人生は、自己理解から始まります。

「あなたの知らない あなたの強み」に気づき、自分に合った働き方やキャリアの伸ばし方を知り、円滑な人間関係を構築するために、『宇宙兄弟』を通してFFS理論を理解し、仕事や人生にお役立ていただければ幸いです。

1章 自己理解 あなたの強みの活かし方

2章 他者理解　上司を味方につける方法

3章 組織理解　目指すべきリーダー像

表紙イラスト：『宇宙兄弟』17巻表紙より

本書は小山宙哉氏の『宇宙兄弟』から許可を得てマンガ、
イラストを引用しています。文中の表記は原作に合わせています。

「意味など探すな」

「自分が楽しんだ結果」

「喜ぶ人がいる」

これ以上のことがあるか……？

これが――

私の天職だ――！

35巻 #327「自分への言葉」

Five Factors & Stress

FFS理論とは…

FFS理論の概念

FFS理論（開発者：小林惠智《けいち》博士）は、ストレス理論をベースに研究されたものです。人によってストレッサー（ストレスになる刺激）は違います。例えば、同じ広さの部屋にいても、「広々として心地良い」と感じる人もいれば、「広すぎて不安」とストレスに感じる人もいます。つまり、環境や刺激に対する感じ方や捉え方は人それぞれ違います。その感じ方や捉え方の特性を5つの因子として計量化したものが、FFS理論です。

FFS診断を受けるメリットとは?

質問に答えると、5つの因子とストレス状態が数値化されます。それらの数値から、あなたの個性に影響を与えている因子を特定します。自己理解が深まるのはもちろん、他者との違いも明らかになり、すれ違いの原因究明やよりよいコミュニケーションの取り方の指南にお役立ていただけます。

FFS診断を受けてみよう（読者特典）

STEP 1

巻末の袋綴じに記載されたURLもしくはQRコードで、「FFS診断（宇宙兄弟バージョン）」公式webページにアクセスしてください。

STEP 2

公式webページで会員登録に進んでください。その際、袋綴じの中に記載されたアクセスコードが必要となります。

STEP 3

診断画面が表示されます。質問は80問あります。回答は落ち着いた静かな環境で行ってください。考え込まず直感でお答えください。

注意：すでに会社などでFFS診断を受けている方は、ここでの診断はできません。お持ちの診断結果の数値を入力していただくと、『宇宙兄弟』の25人の登場人物のうちであなたに似たキャラクターがわかります。なお、手軽に診断したい方向けに、webでも簡易診断を用意しています。簡易版のため精度が落ちることをご了承ください。

診断結果の見方

ここで提供する診断結果は、読者特典としての「宇宙兄弟バージョン」です。「あなたの強み」に影響する因子（多くは数値の高い順に２～３因子）と、そこからわかる個性のサマリーをお知らせします。さらに『宇宙兄弟』に登場する25人のキャラクターの中からあなたに似ている人物と、その特徴をお知らせします。それらの結果を踏まえて本を読み進めていただくと、自己理解と他者との関係構築の理解がより進みます。

5つの因子の差に注目

どの因子が良い／悪いということではなく、あくまでのご自身の思考行動のパターンに影響を与えている因子を把握するものです。第一因子（数値が一番高い因子）が最も影響を与えますので、順番と二番目、三番目の因子との差分を見ることが重要です。

A	B	C	D	E
凝縮性因子	受容性因子	弁別性因子	拡散性因子	保全性因子

各因子の特徴を知ろう

A Factor

凝縮性因子

固定・強化させようとする力の源泉となる因子

凝縮性は、文字どおり自らの考えを固めようとする力。こだわりが強く、自分の中で明確な価値規範を持っています。他人に流されずブレない一方で、自分の価値観に合わないものはなかなか受け容れない頑固な一面もあります。日本人にはかなり少ないタイプです。

判断軸	自分の価値観上、正しいか、正しくないかで物事を判断します
ポジティブ反応時の特徴	正義感や使命感、責任感が強く、道徳的で規範的な印象を与えます
ネガティブ反応時の特徴	独善的、支配的、否定的、排他的になり、周りを力でねじ伏せようとします
ストレスの要因	自分の考え方や価値観を頭ごなしに否定されるとストレスを感じます
キーワード	正義、権威性、責任感、義務感、批判的、偏執固執

B Factor

受容性因子

外部を受け容れようとする力の源泉となる因子

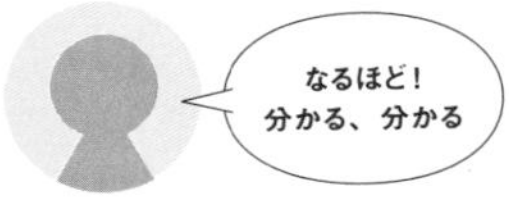
なるほど！
分かる、分かる

受容性は、無条件に受け容れる力です。優しくて面倒見が良く、柔軟性があるのが特徴です。無理難題も聞いてくれるので、経験知が高いと頼もしい存在ですが、経験知が少ない場合、周りの要望を全部受け容れてしまい、キャパオーバーになることもあります。

判断軸	良いか、悪いかで物事を判断します
ポジティブ反応時の特徴	面倒見が良く、寛容です。周りを肯定し、周りに共感することができます
ネガティブ反応時の特徴	お節介で過保護になります。自虐的、逃避的になることもあります
ストレスの要因	反応がなかったり、存在をないがしろにされたりするとストレスを感じます
キーワード	貢献、保護的、共感、愛情、過保護

C Factor

弁別性因子

相反する二律にはっきりと分けようとする力の源泉となる因子

それって、
こういうこと？

弁別性は、白黒はっきりさせる力です。合理的で計算的であることも特徴です。ドライで、常にどうすれば合理的なのかを考えて行動します。物事を都合よく割り切ることができる一方で、感情があまり介入しないため機械的で冷たく見られることもあります。

判断軸	相対的に見て適正であるか、不適正であるかで物事を判断します
ポジティブ反応時の特徴	理性的、現実的で、無駄なことをせず合理的に判断することができます
ネガティブ反応時の特徴	機械的で自己都合的になり、手っ取り早く処理するために詭弁的になります
ストレスの要因	理不尽さなど、理性ではどうにもならないことを求められるとストレスを感じます
キーワード	合理的、事実は、定量的、都合いい、現実的

D Factor

拡散性因子

飛び散っていこうとする力の源泉となる因子

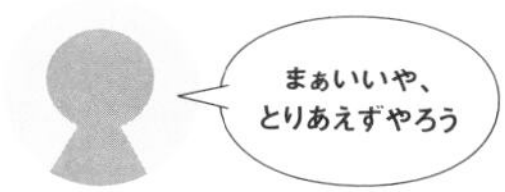
まぁいいや、とりあえずやろう

拡散性は、飛び出していこうとする力です。活発で行動力があります。直情的で、面白いことなら周囲を気にせずどんどん取り組むので、「挑戦的だ」と評価される一方、飽きっぽいため周りを振り回すタイプでもあります。

判断軸	好きか、嫌いかで物事を判断します
ポジティブ反応時の特徴	積極的、活動的で、ゼロから物事を作り上げることができます
ネガティブ反応時の特徴	反抗的になったり、破壊的・攻撃的になったりします
ストレスの要因	物理的・精神的に束縛されるなど、自由に動けないときにストレスを感じます
キーワード	挑戦、奔放性、外向性、解放性、大胆、野心、分裂

E Factor

保全性因子

維持するために工夫改善していく力の源泉となる因子

安全かどうか、まず確認しよう

保全性は、維持しながら積み上げる力です。プランを立て、工夫しながらコツコツと進めていくのが得意です。組織を作るのがうまく、周りと協調しながら動くことができます。慎重で安全第一なため、なかなか行動することができないときもあります。

判断軸	好きか、嫌いかで物事を判断します
ポジティブ反応時の特徴	几帳面でさまざまな場面を想像できます。また、協調的に動くことができます
ネガティブ反応時の特徴	消極的で妥協的になったり、パニックになって拒絶的になったりします
ストレスの要因	明確な指針がない場合や、急な変更など、予期せぬ事態にストレスを感じます
キーワード	安全、内向性、慎重、敏感、几帳面、順応、劣等感

『宇宙兄弟』には、たくさんの人物が登場します。その中から主要な25人をピックアップして、FFS因子の組み合わせによって4タイプに分類しました。誰と誰の個性が似ているのか、あるいは似ていないのかが一目瞭然です。プロフィールの詳細は27ページをどうぞ。

25キャラの個性はこんなにも多様！

この表は、対照的な特徴を持つ「凝縮性」と「受容性」、「拡散性」と「保全性」をそれぞれ相対比較したものです。4タイプの分類に加えて、その中での位置づけも重要です。例えば、表の右上に位置する南波日々人は、「拡散性」と「受容性」が共に高いタイプであるとわかります。さらに、その中でも右上に位置づけられているのは、「凝縮性」と「受容性」の差が大きく（右側に振れる）、「拡散性」と「保全性」の差が大きい（上側に振れる）ことを意味します。

キャラクターマトリックス

Character matrix

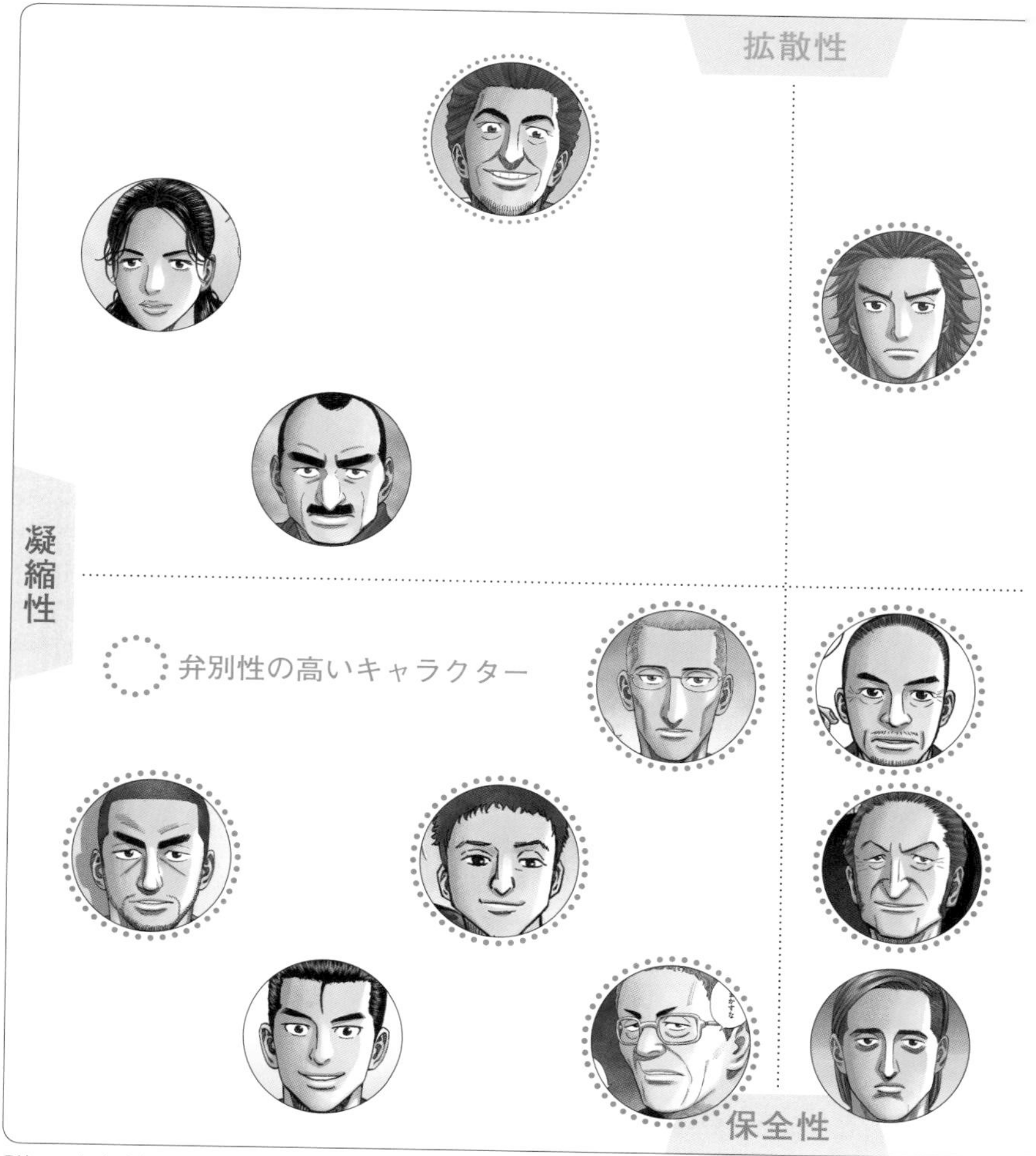

まずは簡易診断をしてみましょう。より詳しい診断を行うには、袋綴じに記載のURLおよびQRコードから公式webサイトにアクセスしてください。

合計				
A 凝縮性	B 受容性	C 弁別性	D 拡散性	E 保全性

点数が多い上位3つの因子は……

	4点	3点	1点	0点	
	はい	どちらかといえば はい	どちらかといえば いいえ	いいえ	A
	はい	どちらかといえば はい	どちらかといえば いいえ	いいえ	B
	はい	どちらかといえば はい	どちらかといえば いいえ	いいえ	C
	はい	どちらかといえば はい	どちらかといえば いいえ	いいえ	D
	はい	どちらかといえば はい	どちらかといえば いいえ	いいえ	E
	はい	どちらかといえば はい	どちらかといえば いいえ	いいえ	A
	はい	どちらかといえば はい	どちらかといえば いいえ	いいえ	B
	はい	どちらかといえば はい	どちらかといえば いいえ	いいえ	C
	はい	どちらかといえば はい	どちらかといえば いいえ	いいえ	D
	はい	どちらかといえば はい	どちらかといえば いいえ	いいえ	E
	はい	どちらかといえば はい	どちらかといえば いいえ	いいえ	A
	はい	どちらかといえば はい	どちらかといえば いいえ	いいえ	B
	はい	どちらかといえば はい	どちらかといえば いいえ	いいえ	C
	はい	どちらかといえば はい	どちらかといえば いいえ	いいえ	D
	はい	どちらかといえば はい	どちらかといえば いいえ	いいえ	E

FFS理論・自己診断

Self Test on Five Factors & Stress

下の15問の質問に直感で答えてください。少し考える場合は、「どちらかと言えば」の回答を選んでください。次に、「因子」ごとに合計点を出し、合計点の高い順に3つの因子を並べます。合計点が同数の場合は、E>D>C>A>B の並び順になります。この3つが、あなたの個性に影響を与えている第一因子、第二因子、第三因子です。ご自身の因子を意識しながら本を読むと、自己理解が深まります。

1	「持論を支持してくれない」同僚がいたら、喧嘩になってでも説得しようとする
2	元気がない友達がいたら、なんとか元気にしてあげようとする
3	二度説明するなど、無駄なことはしない
4	「閃いた」と思ったら後先考えずに、まず動く
5	計画的に準備して進めようとする
6	「こうあるべきだ」とよく言っている
7	自分と違う考えを聞いた時に「なるほど、一理あるな」と思う
8	「データがない状態」では、判断できないと思う
9	組織内にやりたいポジションがなくなれば、外に探しに行く
10	仲間と一緒にいると安心できる
11	責任を果たすためなら、部下の仕事を取り上げることもためらわない
12	状況や環境が変われば、決まり事など柔軟に変えても良いと思う
13	曖昧なことは、白黒はっきりとさせたい
14	「あんまり考えてないよね」と周囲から言われることがある
15	「丁寧できっちりしているね」と言われることがある

あなたのFFS診断、「第一因子」の関連項目はこちら

診断結果の第一因子別に読んでほしい箇所のインデックスです。自分だけでなく、上司や部下の因子が分かれば、このインデックスを利用することで彼ら彼女らの振る舞いを理解しやすくなります。内容を読んでいて「まさにあの人だ」と思い当たる箇所が多ければ、その記事で扱っている因子が彼、彼女の第一因子である可能性は高い、と言えます。

保全性が高い

B・E・C（受容・保全・弁別）

異色の主人公は一見弱気でネクラ？

JAXA宇宙飛行士

南《なん》波《ば》六《むっ》太《た》

カネコ・シャロン博士からの期待と信頼。それなら多分、誰よりも負けてません。
21巻#198「1億ドル」

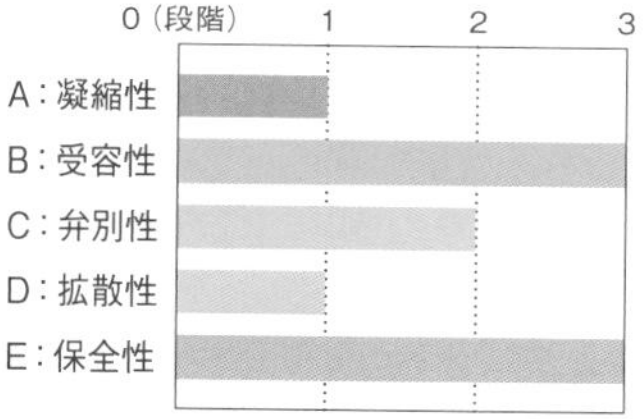

0（段階）
1
2
3
A：凝縮性
B：受容性
C：弁別性
D：拡散性
E：保全性

特徴

- **優柔不断なところがあり、慎重で一歩踏み出せないこともある**
- **合理的に考えることもできる**

アドバイス

身近な人の役に立つこと、すなわち「貢献すること」に一番幸せを感じるので、困っている人の相談に乗ってあげましょう。ただし、自分のキャパを超えない範囲でね。

（※南波六太は「受容性」も高いのですが、ここでは「保全性」の高さに焦点を当てています）

JAXA宇宙飛行士

南《なん》波《ば》日《ひ》々《び》人《と》

拡散性が高い

D・B（拡散・受容）

夢にまっしぐら、無敵の自由人

もし諦め切れるんなら、
そんなもん夢じゃねえ

2巻#13「拝啓日々人」

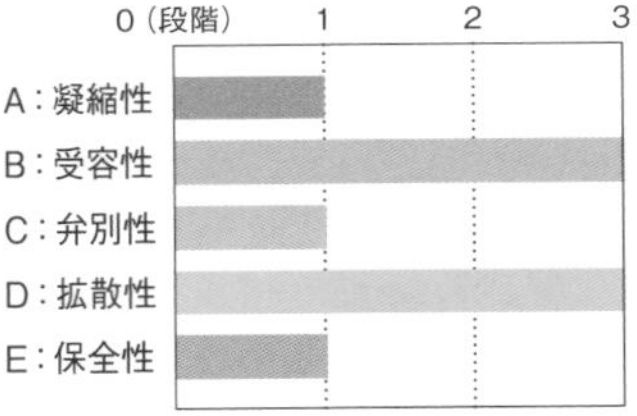

0（段階）
1
2
3
A：凝縮性
B：受容性
C：弁別性
D：拡散性
E：保全性

特徴

- **興味があることなら、後先考えずにすぐに動く**
- **機動力はあるが、落ち着きがない**
- **柔軟でお人よしな面もある**

アドバイス

「自分だけが」興味あることをテーマにすると、組織になじまず、フリーランス的になります。会社の理念やビジョンに共鳴し、オンリーワンの発想で周囲を巻き込めば「ユニークな人材」と言われます。団体行動は嫌いでも、「団体を動かしている」と思えば面白くなるはずです。

NASA宇宙飛行士

ブライアン・J《ジェイ》

凝縮性が高い

A・B・C・D（凝縮・受容・弁別・拡散）

豪快だけど冷静なカリスマ的リーダー

人の人生にはいくつもの
"夢のドア"がある
23巻#222「夢のドア」

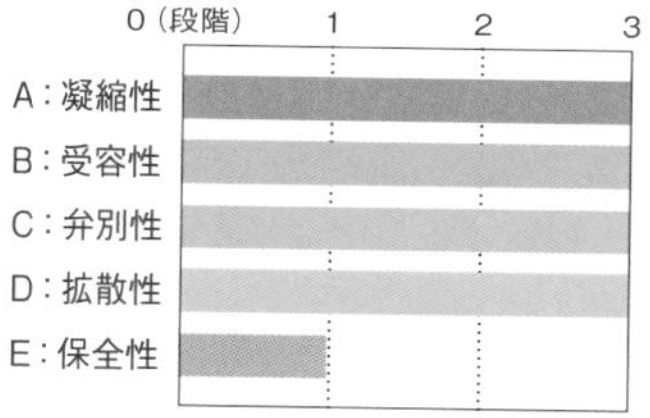
0（段階）
1
2
3
A：凝縮性
B：受容性
C：弁別性
D：拡散性
E：保全性

特徴

- **価値観が明確で、合理的判断をしつつ、推進していく力がある**
- **強いリーダーシップを発揮できる**

アドバイス

こだわりが強いぶん、その価値観が偏狭すぎると誰もついてきてくれません。真摯に世間と擦り合わせましょう。企業理念との整合性も大事です。ブレない姿勢は頼もしい限りですが、「頑固すぎて話にならない」と誤解されないためにも、なぜそう考えるのかは説明しましょう。

天文学者

金《かね》子《こ》シャロン

受容性 が高い

B（受容）

優しく見守る“母”のような存在

ムッタが夢を叶えられたのは
あなたがあなただったからよ
25巻＃233「南波工房」

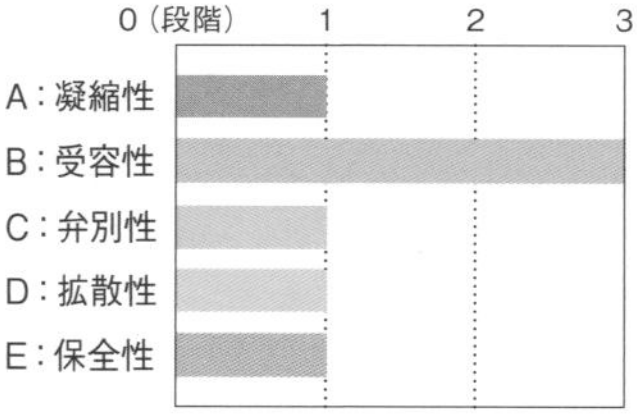

0（段階）
1
2
3
A：凝縮性
B：受容性
C：弁別性
D：拡散性
E：保全性

特徴

- **柔軟で面倒見が良く、世話好き**
- **相手の気持ちを察することができ、人を育むことが得意**

アドバイス

「優しさ」の結晶のような人です。面倒見の良さはピカー。ただし、相手に甘くなりすぎないように注意。「役立っている」ことで、自分の存在を無意識にアピールしてしまう傾向もあります。相手の自立に必要なことは、「あなたが居なくても良い状態にすること」と肝に銘じましょう。

NASA宇宙飛行士 ビンセント・ボールド

弁別性が高い

C・A（弁別・凝縮）

ムダが大嫌いな完璧合理主義者

あれは宝物ではありません。
宝物を思い出すための、
ただの道具です
19巻#179「俺らの将来」

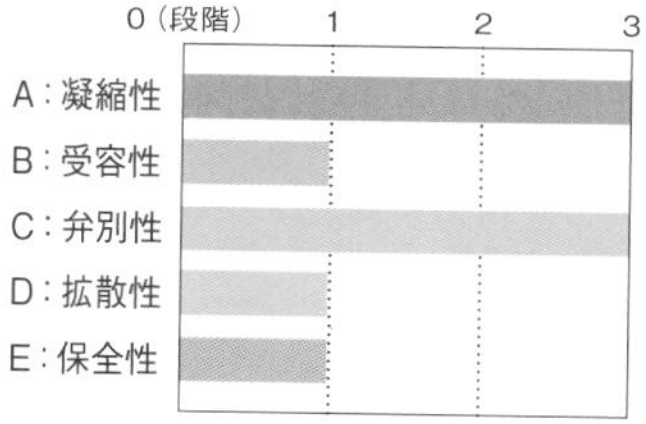

0（段階）
1
2
3
A：凝縮性
B：受容性
C：弁別性
D：拡散性
E：保全性

特徴

- 極めて合理的で、無駄なことが苦手
- こだわりも強く、自分が良しと判断した相手としか付き合おうとしない
- 完璧主義的な振る舞い

アドバイス

スパッと切り捨てるシャープさがあり、周囲からは冷たい人に見えることもあります。またデータ重視で効率を求めすぎると、「世間話もできない相手」と思われがちです。世の中の理不尽さを踏まえて、皆のために「黒」を「白」にすべく、その合理性を生かしましょう。

家族を大事にする真面目な好青年

真《ま》壁《かべ》 ケンジ

JAXA 宇宙飛行士

宇宙飛行士をやめない限り
宇宙へはきっと行ける
17巻# 167「最後の言葉」

A・E（凝縮・保全）

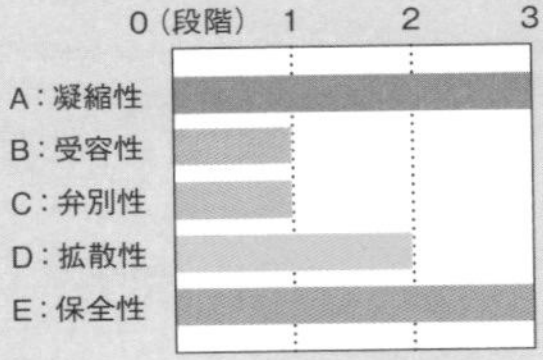

0（段階） 1 2 3
A：凝縮性
B：受容性
C：弁別性
D：拡散性
E：保全性

- 慎重かつこだわりも強く、「あるべき論」で事を進めやすい
- 精緻化しながら進めるので、動きが遅いと見られることもある

宇宙を愛し、信念に生きる男

吾《あ》妻《づま》滝《たき》生《お》

JAXA 宇宙飛行士

「38万キロ」くらいなら
近所です
5巻# 48「マッハの弟」

A・C・E（凝縮・弁別・保全）

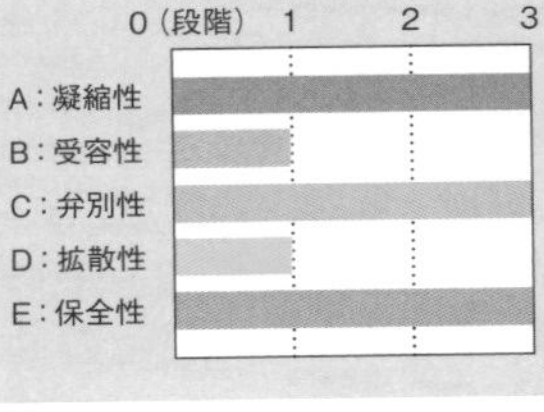

0（段階） 1 2 3
A：凝縮性
B：受容性
C：弁別性
D：拡散性
E：保全性

- こだわりが強く、「こうあるべき」と思うことを徹底的に追及しようとするタイプ
- あまりにブレない姿勢が誤解され、悪く受け取られることもある

男よりも〝男らしい〟最強シングルマザー

ベティ・レイン

NASA 宇宙飛行士、ジョーカーズのメンバー

悪いけど、面倒なのよね。待ってるの
18巻#172「CES-62 バックアップクルー」

A・D（凝縮・拡散）

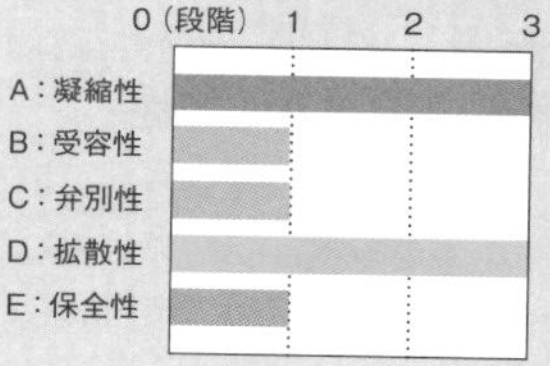

0（段階）
1
2
3
A：凝縮性
B：受容性
C：弁別性
D：拡散性
E：保全性

- 自分の価値観にこだわり、周囲を蹴散らしながら邁進していくタイプ
- 敵を作りやすく、「孤高の人」になることもある

ヒビトを救ったロシアの英雄

イヴァン・トルストイ

ロシア宇宙飛行士

酒を飲み交わすのは
互いの度数を
合わせることだ
15巻#142「曇りのち酒」

A・B・C（凝縮・受容・弁別）

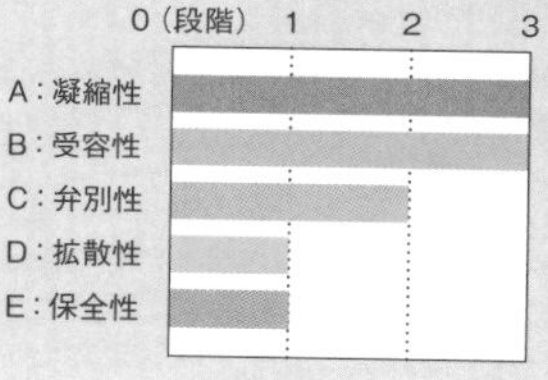

0（段階）
1
2
3
A：凝縮性
B：受容性
C：弁別性
D：拡散性
E：保全性

- ブレない軸を持ち、面倒見も良く、合理的に組織や仲間を導くことが得意
- 頼れるリーダータイプ

"猛獣たち"を導く温和なリーダー

エディ・J《ジェイ》

NASA宇宙飛行士、ジョーカーズのリーダー

俺たちを救うのは
弟の轍《わだち》だな
29巻#274「リッテンディンガー峡谷」

B・C・E（受容・弁別・保全）

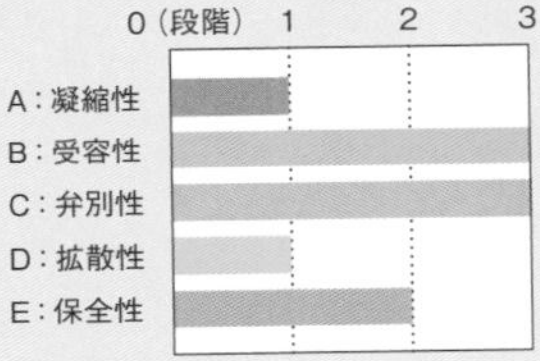

0（段階）
1
2
3
A：凝縮性
B：受容性
C：弁別性
D：拡散性
E：保全性

- 柔軟で面倒見が良く、合理的に判断していくことができる
- 慎重で体系的に考えられる
- 経験知があれば、頼りがいのある人

仲間思いのしっかり者

北《きた》村《むら》絵《え》名《な》

JAXA宇宙飛行士

一緒に実験して、
一緒に帰ろ
27巻#258「使命」

B・E・D（受容・保全・拡散）

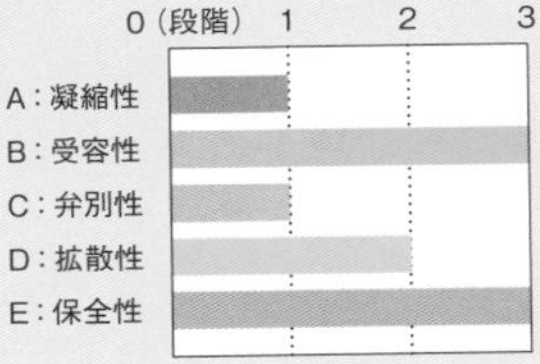

0（段階）
1
2
3
A：凝縮性
B：受容性
C：弁別性
D：拡散性
E：保全性

- 柔軟で面倒見が良い
- 慎重なところと大胆なところが共存していて、動きたいけど動けないこともある
- 和気藹々《あいあい》と盛り上がることが大好き

口は悪いが正直者

古《ふる》谷《や》やすし

スイングバイ所属 民間宇宙飛行士
（2025年宇宙飛行士選抜試験受験者）

年の差とか関係なく、
一生もんの友達です
23巻＃215「友達。フォーエバー」

B・D（受容・拡散）

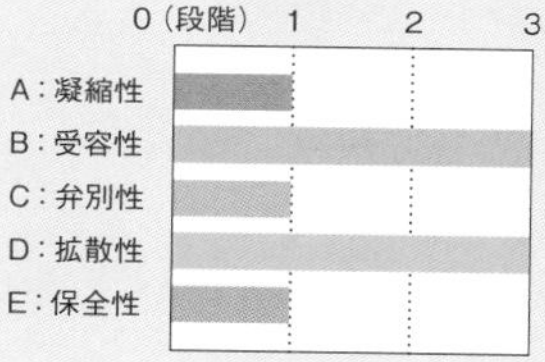

0（段階）
1
2
3
A：凝縮性
B：受容性
C：弁別性
D：拡散性
E：保全性

- 人懐っこく、周囲から笑いを取りつつ、面白いことに挑戦していくタイプ
- ノリの良さ、軽さがある

主人公に夢を託す心熱きサポーター

星《ほし》加《か》 正《ただし》

JAXA 有人宇宙技術部副部長

俺の心はずっと
躍りっぱなしなんだ！
2巻＃11「頭にまつわるエトセトラ」

B・C（受容・弁別）

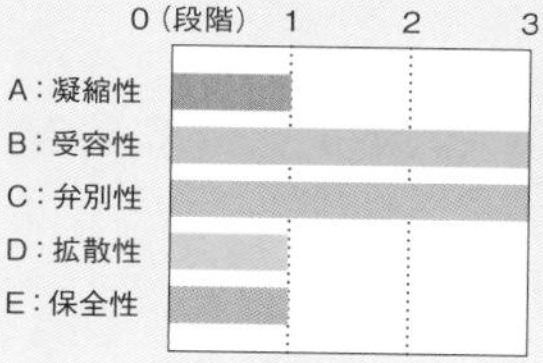

0（段階）
1
2
3
A：凝縮性
B：受容性
C：弁別性
D：拡散性
E：保全性

- 柔軟で面倒見が良く、合理的に判断することで、課題を克服していける
- 一見ドライに見えることもあるが、根はやさしい

俺に
きいてる
時点で

見た目は冴えないが、腕は超一流

ピコ・ノートン

デンバー社技術職員

真実は見つけだそうとするな。作り出せ
21巻# 202「突破口」

B・C（受容・弁別）

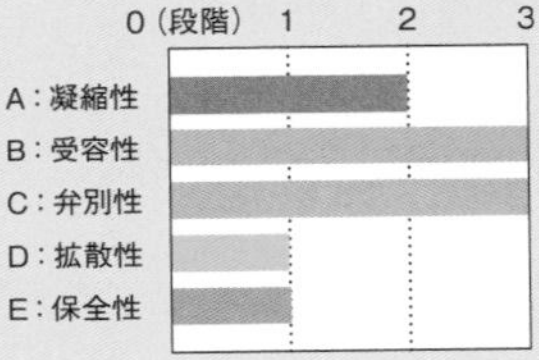
0（段階） 1 2 3
A：凝縮性
B：受容性
C：弁別性
D：拡散性
E：保全性

- **優柔不断なところはあるが、合理的に処理することもできる**
- **ややこだわりがあるので、気に入ると応援する**

合理的に勝ちにいくクールな戦略家

新《にっ》田《た》零《れい》次《じ》

JAXA宇宙飛行士

動いて輝く石は流れ星……「生きた石コロ」です
11巻# 100「生きた石コロ」

C・D（弁別・拡散）

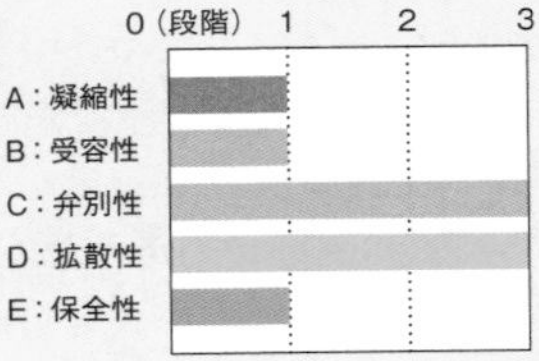
0（段階） 1 2 3
A：凝縮性
B：受容性
C：弁別性
D：拡散性
E：保全性

- **戦略的な発想力があり、ココだと狙いを定めると、一気に突き進む機動力がある**
- **普段はドライ**

ごまかすな

リスクを嫌う〝壁になる〟上司

ウォルター・ゲイツ

NASAプログラムマネージャー

わざわざ毒入りを選ぶ理由がどこにある

19巻#183「毒」

C・E（弁別・保全）

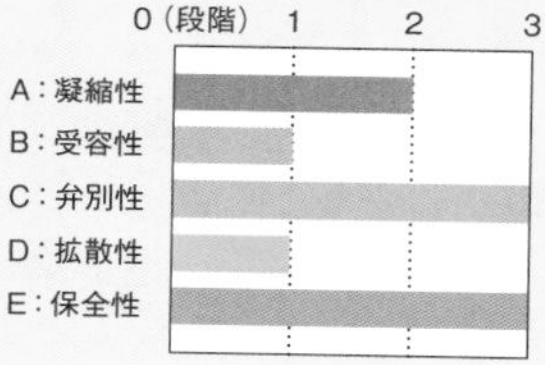
0（段階）
1
2
3
A：凝縮性
B：受容性
C：弁別性
D：拡散性
E：保全性

- 極めて合理的で、無駄なことが苦手
- 慎重さもあり、徹底的な合理主義者
- リスク回避に長けている

ドライだが面倒見のいい上司

ジェーソン・バトラー

NASA宇宙飛行士室長

だがヒビト。嘘をつき通すのはしんどいぞ

14巻#133「ヒビトの障害」

C・B（弁別・受容）

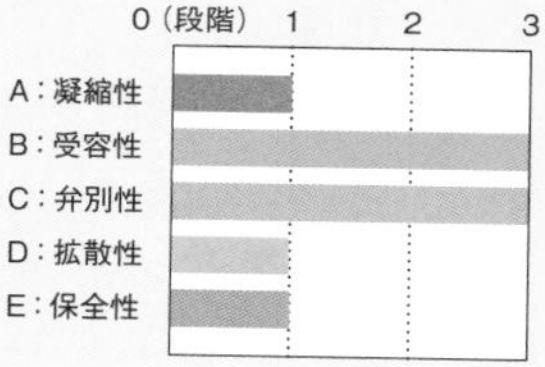
0（段階）
1
2
3
A：凝縮性
B：受容性
C：弁別性
D：拡散性
E：保全性

- 合理的に白黒はっきりと判断することが多い
- 「いいヤツ」と判断すれば、面倒見の良さを発揮する

イタズラ好きのムードメーカー

紫《むらさき》 三《さん》世《せい》

JAXA宇宙飛行士

宇宙飛行士ってのはアレだ。
舞台役者に似てんだよな
10巻#91「舞台役者」

D・E・B（拡散・保全・受容）

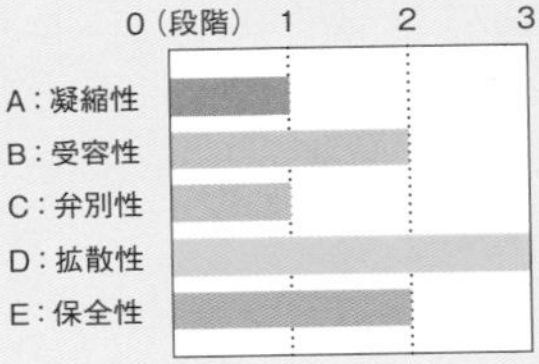

- 面白いことが大好きで、人を巻き込むことが得意
- 人付き合いも得意で、相手の心の機微がわかる
- 気に入った相手にはめちゃくちゃ優しい

いざというとき頼りになるキザ男

カルロ・グレコ

NASA宇宙飛行士、ジョーカーズのメンバー

俺は生まれ変わっても
また俺になりたいね
18巻#173「孤独な彼ら」

D・C・B（拡散・弁別・受容）

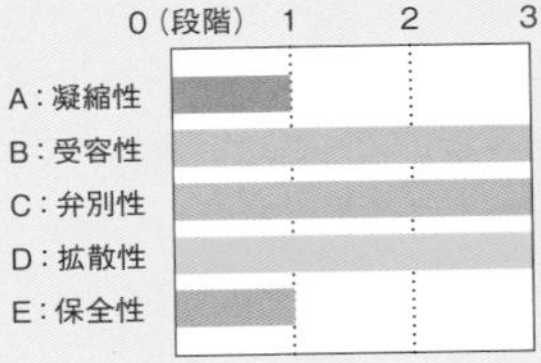

- 興味があることに積極的で、合理的で無駄なく、しかも柔軟に取り組むことができる
- 周囲を巻き込むことも得意
- 起業家の素質あり

口癖は「ヤアマン」、陽気なお調子者

フィリップ・ルイス

NASA宇宙飛行士、ジョーカーズのメンバー

俺、もう…
地球人でいいや
31巻#295「We are lonely…」

D（拡散）

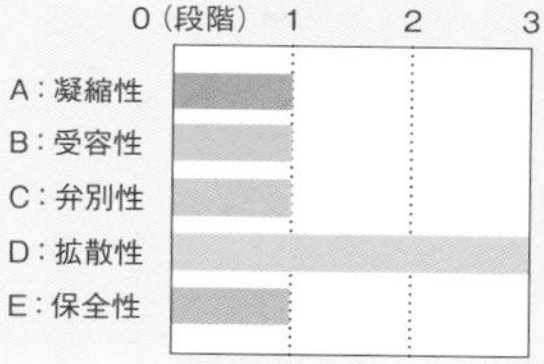
0（段階）
1
2
3
A：凝縮性
B：受容性
C：弁別性
D：拡散性
E：保全性

- 興味があることに積極的に動く
- 細かい話は苦手で、かなりざっくり
- 周囲に無頓着でマイペース

怪しさ満点！唯一無二の存在感

デニール・ヤング

元NASA職員、主任教官パイロット

〝心のノート〟に
メモっとけ
13巻#123「二つのノート」

D・B（拡散・受容）

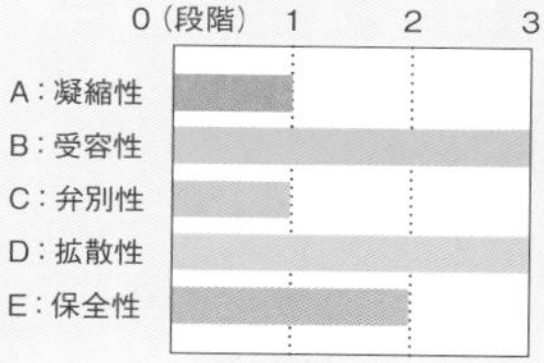
0（段階）
1
2
3
A：凝縮性
B：受容性
C：弁別性
D：拡散性
E：保全性

- 面白いことに積極的に動く
- 細かい話は苦手で、かなりざっくり
- 人当たりも良く世話好き

ちょっと天然なマドンナ

伊《い》東《とう》せりか

JAXA宇宙飛行士

チャンスは今ここにあります
27巻#258「使命」

E・D・B（保全・拡散・受容）

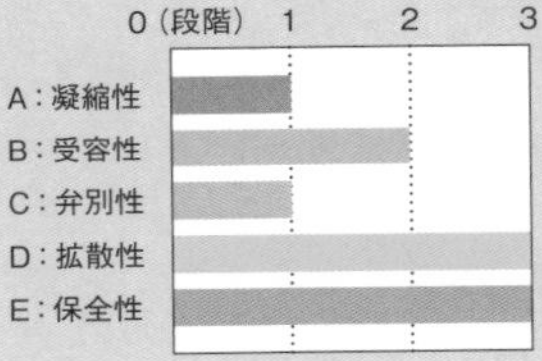

0（段階） 1 2 3
A：凝縮性
B：受容性
C：弁別性
D：拡散性
E：保全性

- 好き嫌いが判断軸になり、好きなことを積み上げながら活発に進めようとする
- 子どもっぽく、優しいけれど、優柔不断になりやすい

劣等感を乗り越え、今は頼れる力持ち

アンディ・タイラー

NASA宇宙飛行士、ジョーカーズのメンバー

考えるのをやめたさ
16巻#155「アンディ」

E・B（保全・受容）

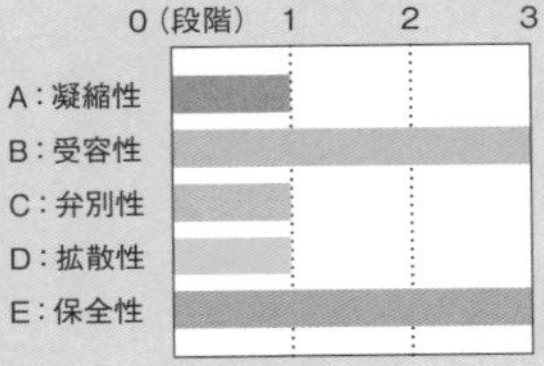

0（段階） 1 2 3
A：凝縮性
B：受容性
C：弁別性
D：拡散性
E：保全性

- 体系的に積み上げてきた経験知を活かしながら、柔軟に優しく対応していける
- 頼られると力を発揮する

宇宙へ３度目の挑戦、あきらめない男

福《ふく》田《だ》直《なお》人《と》

スイングバイ技術社員
（2025年宇宙飛行士選抜試験受験者）

どうやら私の夢も
まだまだ続いていくらしい
5巻＃43「夢の途中」

E・B・C（保全・受容・弁別）

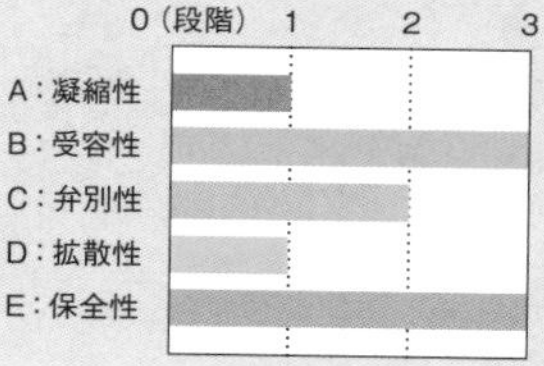

0（段階）
1
2
3
A：凝縮性
B：受容性
C：弁別性
D：拡散性
E：保全性

- きちんと積み上げてきた経験知を活かしながら、柔軟で優しく対応していける
- 合理的に考えることもできる
- 頼られると力を発揮する

挫折を知らないエリート

溝《みぞ》口《ぐち》大《やま》和《と》

2025年宇宙飛行士選抜試験受験者

ためしに、「2人選出」から
辞退してくださいよ
4巻＃35「ねじれ者」

E・C・A（保全・弁別・凝縮）

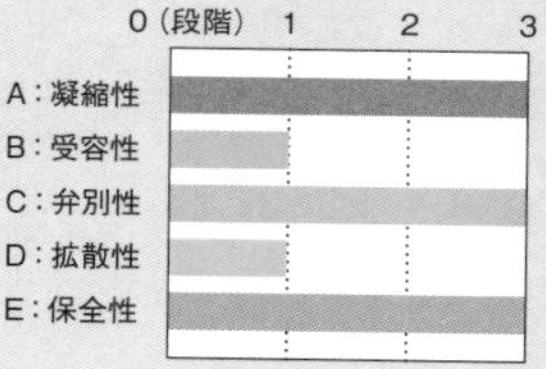

0（段階）
1
2
3
A：凝縮性
B：受容性
C：弁別性
D：拡散性
E：保全性

- きちんと積み上げてきた経験知を活かしながら、徹底的に合理的に進める
- リスク回避に長けている

ＦＦＳ理論の考え方

ＦＦＳ理論（開発者：小林惠智博士）は、「Five Factors and Stress」の頭文字を取ったもので、その人固有の特性（思考行動パターン）を５つの因子とストレスで数値化するものです。５つの因子は、「凝縮性」「受容性」「弁別性」「拡散性」「保全性」で構成され、この組み合わせによって、その人が持つ潜在的な強みを客観的に把握することができます。人間を５タイプの「どれか」に分類するもの、ではないことにご注意ください。５つの因子はどの人の中にも存在します。ＦＦＳ理論では、５つの因子の多寡とその順番によって個性が理解できる、と考えます。

この理論はまた、ストレス理論をベースに研究された点に特色があります。人によって、ストレッサー（ストレス状態を引き起こす要因）が違います。その研究から、５つの因子に辿り着きました。人によって思考行動パターンが違うことを、５つの因子で明らかにしていきます。

同時に、ストレス値を測ることで、良い状態なのか、悪い状態なのかを判断することもできます。ＦＦＳ理論を導入されている企業では、定期的にストレス値を測定し、個々の状態を把握することで、上司を含めて組織的に支援することでストレッサーを軽減するように取り組んでいただいています。

また、応用研究として「生産性を高める最適なチームができるか」というテーマで研究に取り組んだ結果、シナジーが生まれる組み合わせを編成できる理論でもあります。

各因子の持つ特徴

先に『宇宙兄弟』の登場人物たちをＦＦＳ理論で分析してみましたが、ここで改めて、各因子の特徴を詳細に説明しておきましょう。

凝縮性　「固定・強化させようとする力の源泉」

こだわりの強さがあり、自分の中に明確な価値基準を作りやすい。ブレずに、持論を主張する。

・ポジティブに発揮されている状態での他者からの見え方（以下「ポジティブ」）

決断力があってグイグイと推進している

責任感があって、頼んだことも最後は自分で引き受けている

・ストレッサー
頭ごなしに否定されること
・ネガティブな状態のときの他者からの見え方（以下「ネガティブ」）
独善的、支配的、排他的

受容性　「外部を受け容れようとする力の源泉」

相手のためを思い、柔軟に相手を受け容れる。関係する周囲の人の面倒を見て、その人が喜んだり、その人から感謝されることがうれしい。
・ポジティブ
柔軟な対応力で成果につなげている
面倒見良く関わって、気配りをしながら動いている
・ストレッサー
反応がないこと、役に立っていない時、存在がないがしろにされること
・ネガティブ
介入的、自虐的、逃避的

弁別性　「相反する二律にはっきりと分けようとする力の源泉」

情報に基づいて、曖昧にせず白か黒かはっきりと分ける。合理的で無駄なく進めようとする。自分の都合で判断することもある。

・ポジティブ

最短距離で無駄なく淡々と進めている

判断は合理的で、結論を出すのが早い（情報がない時は、判断しない）

・ストレッサー

理不尽さ、割り切れない状態、感覚的な時

・ネガティブ

機械的、詭弁的、ドライ（冷たい）

拡散性　「飛び散っていこうとする力の源泉」

情動的で、好きなこと、興味のあることに対して、すぐに飛び出そうとする。反面、興味を失うと一気に冷める。このため行動が脈絡なく見える。

・ポジティブ

大胆な発想で変革を進めている
誰もしないことを平気でやっている

・ストレッサー

動けない状態、拘束されること、団体行動を強いられる時

・ネガティブ

衝動的、破壊的、攻撃的

保全性　「維持するために工夫改善していく力の源泉」

身近なところから目標を立てて、確実に進めていく。成功体験をベースに体系的な知識や経験を得ることで、成長しようとする。

・ポジティブ

きちんと計画通りに進めて、精度は高い
皆ができることを、自分もできるようにしようとする

・ストレッサー

明確な指針がない時、先が見えない時、急な変更

・ネガティブ

追随的、妥協的、拒絶的

5つの因子のうち、「保全性」と「拡散性」は気質（先天的）に起因し、残る3つは社会的（後天的）な影響が大きいと考えられます。FFS理論を用いたコンサルティングを行っている我々ヒューマンロジック研究所の調査によれば、気質起因の因子だけに着目すると、日本人の65％は「保全性」が高く、35％は「拡散性」が高いタイプに分けられます。また、「凝縮性」と「受容性」を比較すると、「凝縮性」の因子が高い人が20％、「受容性」は80％となりました。

5つの因子を上位2つ（第一因子、第二因子）で見ると、「受容性」「保全性」の人が55％、「受容性」「拡散性」が25％、「凝縮性」「保全性」が10％、「凝縮性」「拡散性」が10％という出現率になります。

この分け方は簡易なもので、個人の特性を詳細に把握するには、5つの因子の多寡の順番やバランスをきめ細かく見ていくことが欠かせません。そして、一人ひとりの因子を把握することで、個人・組織の問題点の多くに解決策が見えてくる、と我々は考えています。

ＦＦＳ理論はその人の「強み」を示唆してくれる

『宇宙兄弟』の主人公、南波六太さんを例に挙げましょう。ＦＦＳ診断を受けていただいたとすれば、おそらくこういう結果になります（このデータは、著者が『宇宙兄弟』の作品から観察し、診断したものです。診断につきましては作者である小山宙哉さんの了承を得ております）。

南波六太さんは、「受容性・保全性・弁別性」が高い人です。なお、因子の数値の高さは何らかの「評価」ではありません。並び順が重要です。

この順序の人はどんな個性の持ち主でしょうか。

「受容性」が高い人は、柔軟で面倒見が良い。「保全性」の高い人は、変革よりは、身近なところから目標を立てて、確実に進めていくことが得意な人。「弁別性」の高さから、合理的な判断もできる人材、と思われます。

仕事においては、周囲との関係を大切にしつつ、継続的に工夫改善を行うことに向いていそうです。そして、一つの枠組みの中で無駄なく合理的に仕上げていくタイプ。安定期に重宝される人材です。一方で、変化や挑戦には尻込みしがちかもしれません。

ちなみに、筆者（古野）は「凝縮性14　受容性10　弁別性15　拡散性17　保全性４」

あなたの個性 診断結果

南波 六太様

1 あなたはこんな風に思考を進める傾向があるようです

あなたの思考の順番　**柔軟性があり 継続的で 合理的に考えていきます。**

■ 個人特性傾向グラフ

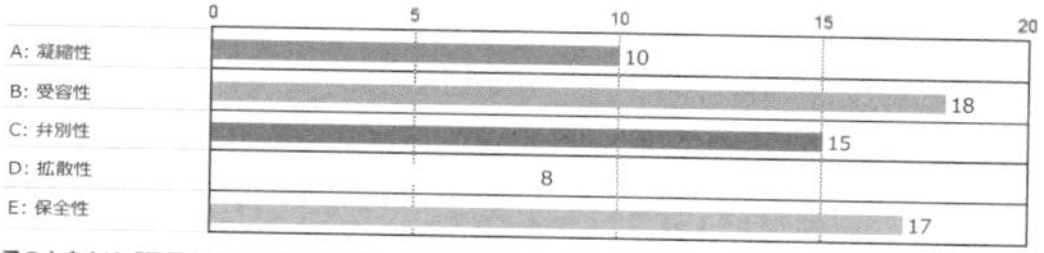

※因子の大きさは『評価点数』ではありません。点数が高いことと評価は切り分けて考えてください。

因子の並び順	B：受容性	E：保全性	C：弁別性

まず、 柔軟に物事を受け入れていきます。周囲の喜びを自分の喜びと考えることができます。そのため、人を育成しようとする気持ちが強いです。
次に、 現状を継続しつつ、改善を積み上げていくことができます。良いものを残しつつ、悪いものを改善しながら目標を達成していきます。興味のあることを極めることに積極的です。
最後に、 合理的に物事を判断していくことができます。物事や状態を明確に切り分けていくことが得意です。物事の説明や理解をするときは理由や根拠が明確です。

※このグラフは、企業などで行う正規のFFS診断のもので、今回の宇宙兄弟バージョンとは異なります

と表されます。「拡散性・弁別性・凝縮性」で、日本人には少ないタイプです。珍しい個性なので、よく誤解されます……。

FFS理論では、反応・行動は、その人にかかるストレス（これも因子によって原因が異なる）の量が適切かどうかに影響される、と考えます。つまり、ストレスが適切にかかっている状態では、反応・行動の「いい面」が出ますが、ストレスが大きすぎても、小さすぎても、反応・行動の「悪い面」が出ます。

ストレスはまったくないほうがいい、というわけではなく、適度なストレスが必要です。ストレスとは、すなわち「刺激」です。人間が健康でいるためには、適度な刺激が必要なのです。

その人の反応・行動の「悪い面」の予測も、南波さんを例に見てみましょう。

南波六太さん（受容性・保全性・弁別性が高い人）が、ディストレス状態（ストレスが過小、もしくは過多な状態）に陥ると「介入的」「妥協的」「自己都合的」になる、とFFS理論では考えています。

どういうことかと言うと、周囲に介入的になる、つまり「過剰なお節介」を焼こうとします。それでもストレスを減らせず、本人が「ないがしろにされている」と感じると、転じて自虐的になります。「どうせ私なんて、お役に立てないですから」と、周囲を気まずくさせ、閉じこもったり、自己都合的に動こうとしたりするのです。

FFS理論が組織・個人にもたらすメリット

FFS理論は、自分自身にとっては「自分のいい面がいま出ているかどうか」「悪い面が出ているとしたら、何が原因なのか、どうすればよいのか」を判断する手がかりになります。

また、対人関係では、相手が「悪意からこのようなことを言っている、仕掛けている」という誤解を解くツールとして有効です。チームマネジメントとしては、相手のいい面の反応・行動を引き出す伝え方、仕事の割り振りなどを考えることで、個人の力を引き出し、結束を固めるために役立つ、と我々は考えています。

お互いが相手のタイプを知っていれば「あらかじめ話をしておかないと（させてもらわないと）行き違いが生まれそう」と気づいて、誤解やトラブルを避けられる可能性が高い、というわけです。その事例はこれから『宇宙兄弟』のドラマを追いながら、会社での「あるある」な事例を織り交ぜて、解説していきます。

FFS理論は、人間関係、ひいてはチームビルディングにも応用できます。お互いの因子の組み合わせを見れば、「似ている関係」なのか、「補い合える関係」なのかを知ることができ、さらに、これらの関係が成立する間柄ではどんな相乗効果が発生しやすいのかがわかるため、仕事や友人関係を構築していくうえでの足がかりになるのです。ソニー、LINEを始め、約800社の企業が、実際にこの理論を使って、活気にあふれ生産性が高いチーム作りを行っています。

第１章

自己理解
あなたの強みの活かし方

「保全性」と日本人

Five Factors & Stress

日本人の6割は「最初の一歩」が踏み出せない

世の中には、「すぐに動く人」と「なかなか動かない人」がいます。「すぐに動く人」のほうが「できる人」に思われがちですが、FFS理論では両者に優劣はなく、個性の違いがあるだけです。その違いは何に由来するのか、また、「なかなか動かない人」がチャンスを逃さないためにはどうすべきか、お教えしましょう。

日本社会は「保全性」と「拡散性」で回っている

17巻表紙より

ＦＦＳ理論の診断結果はいかがでしたか。

簡易診断（24ページ）、あるいはもっと精密な診断を受けていただいた方の半分以上が、「受容性」「保全性」が高かったのではないかと思います。その次に高い人が多いのが「拡散性」になるはずです。

47ページと重複しますが、日本人の特徴は、まず「受容性」が高いこと（第一因子か第二因子が「受容性」の人が64％）。それに続くのが「保全性」と「拡散性」です。

次に、日本人を「保全性」と「拡散性」の高低だけで比較すると、「保全性」の高い人は65％、「拡散性」は35％と、ほぼ２：１になります。

日本の社会は「受容性と保全性の高い人が55％、受容性と拡散性の高い人が25％」とざっくりした傾向を語ることができるのです（もちろん実際にはその他の因子が高い人もいます し、因子の順番も非常に重要です）。

「保全性」は現状維持、「拡散性」は未知を好む

「保全性」の高い人は、本能的に現状を維持しようとするため、未知の領域に足を踏み入れることを躊躇します。

やりたいことがあっても、「確実にやりたい」、「しっかりと準備してからやりたい」と考えます。準備不足で失敗するのは嫌なのです。だから、挑戦自体を先送りすることもあります。仕事の現場では、チームを引っ張るのが苦手だったり、新規開拓を任せられてもうまく立ち回れなかったりします。組織内で目立つ活躍をするよりも、地道にコツコツと努力して組織に貢献することを好みます。

一言で言えば、とことん慎重な人たちなのです。

仮に、この世界に存在するのが「保全性」の高い人だけなら、彼らは平穏に過ごすことができたでしょう。しかし、どの職場にも、失敗をものともせず果敢に突き進む人が1人や2人はいます。

彼らは「拡散性」の高い人たちで、未知の領域に本能的に惹かれる性質を持っています。

「保全性」の高い人とは対照的に、興味のあることに迷いなく飛び込んでいけるのです。

「保全性」の高い人からすれば、憧れの存在であると同時に、己のふがいなさをいや応なしに意識させられる相手なのです。逆に、「拡散性」の高い人から、多数派である「保全性」の高い人を見ると、「こんなに面白そうなのに、なんで動かないんだ?」と疑問に思ってしまうのです。

「保全性」の高い人と「拡散性」の高い人では、思考行動パターンが大きく異なります。そのため、両者の間でどうしても生じる誤解や衝突が、日本の社会、組織や企業の中で、コミュニケーションを妨げたり、個人の成長の足を引っ張ったりしている、と、我々は認識しています。

逆に言えば、「保全性」タイプと「拡散性」タイプが理解しあえれば、無用な摩擦は減り、お互いの意図するところをくみ取りやすくなり、仕事がスムーズになるのはもちろん、成果や生産性も上げやすくなる、ということです。

こう書いていくと、「拡散性」の高い人のほうが、果敢で行動力があって成功しやすそうに見えるかもしれません(実はそんなことはないのですが)。

地道に、コツコツ真面目にやって、他人をおもんぱかる慎重派の「保全性」の高い人がエースに成長していく姿を描いた物語があります。それが、宇宙飛行士を目指す兄弟の奮闘を描いたベストセラーコミック『宇宙兄弟』なのです。

保全性の高い主人公の成長を描く『宇宙兄弟』

主人公は、個性のまったく異なる兄弟です。

先に宇宙飛行士になった弟の南波日々人（ヒビト）は、興味あることなら積極的に動き、夢を直線的に追いかける、典型的なヒーロー物語の主人公です。彼の言動を観察すると、「拡散性」の高いタイプと言えます。

一方、兄の南波六太（ムッタ）はそうではありません。優秀な弟と自分を比べて卑屈になり、いつの間にか宇宙飛行士になる夢をあきらめてしまうようなフツーの人です。ところがムッタは、読者の想像をはるかに超える活躍を見せます。周りの人たちの支えや、持ち前の準備のよさと発想力で困難を切り抜け、宇宙に行くという夢を叶えるのです。

どこにでもいそうな〝ややネガティブ〟な人物であるムッタが、誰もが憧れる宇宙飛行士になって活躍するところに、この漫画の面白さがあります。また、ムッタに共感を覚え、自分を投影して応援している読者も多いのです。

ではさっそく『宇宙兄弟』のエピソードを通して、「保全性」の高い人の行動パターンと、その生かし方を見ていきましょう。

子どもの頃から、宇宙飛行士になるという同じ夢を追いかけてきた2人。「拡散性」の高いヒビトは、まっすぐに夢を追いかけ、兄より先に夢をかなえます。一方ムッタは、夢をあきらめ、自動車開発のエンジニアの道に進みます。失敗することを恐れ、挑戦から逃げたのです。そんな彼の口癖は、「ドーハの悲劇の生まれ。悲劇には慣れてる」。

ハードルを軽々とクリアして成長していくヒビトに劣等感を抱きながら、自分のことを運のないヤツだと卑下し、「失敗することが運命だ」などと言いわけして、自信のなさをはぐらかして逃げるのです。「保全性」の高い人が「拡散性」の高い人に対して感じる感覚が、とてもよく表れているシーンだと思います。

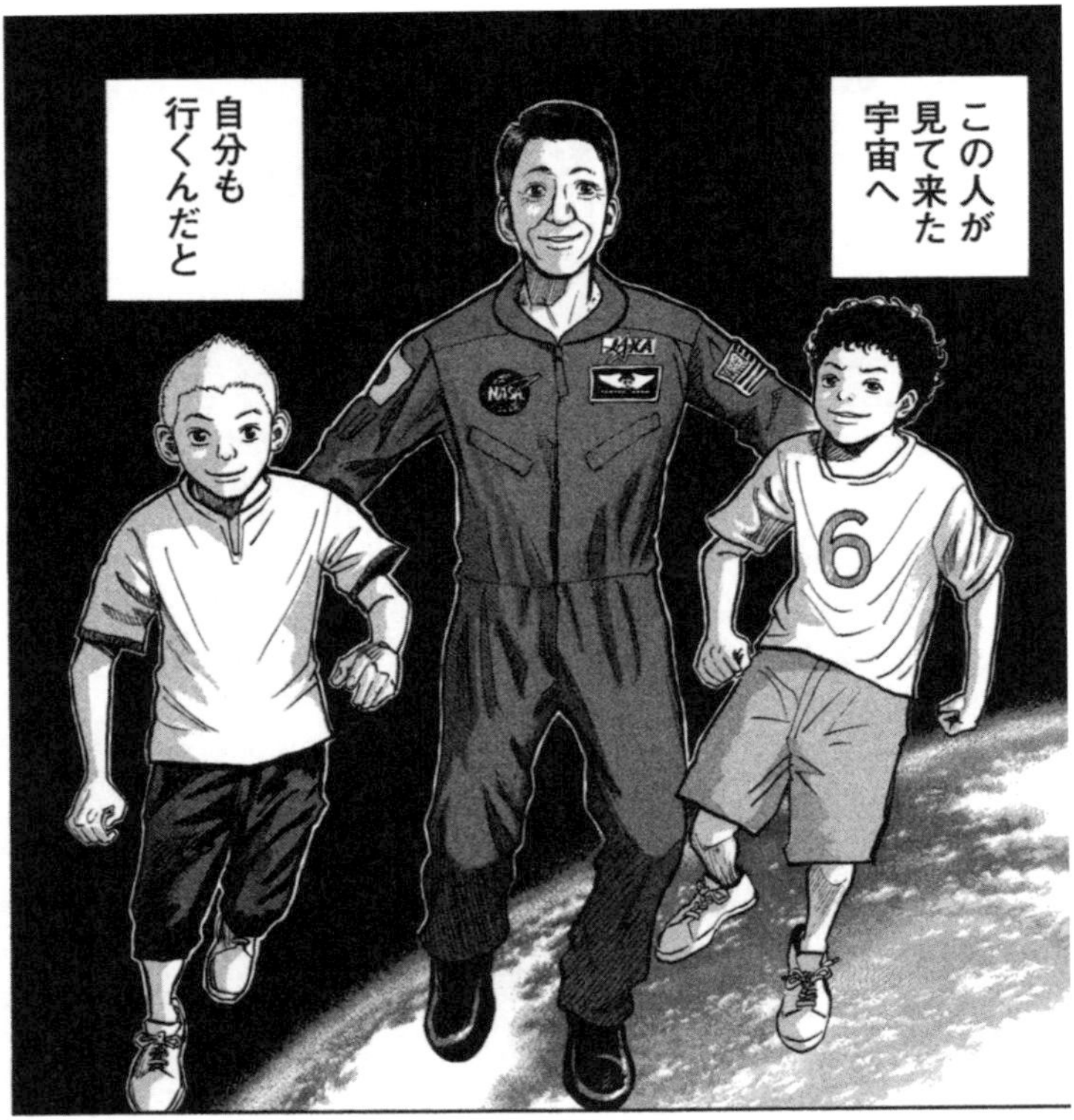
この人が
見て来た
宇宙へ
自分も
行くんだと

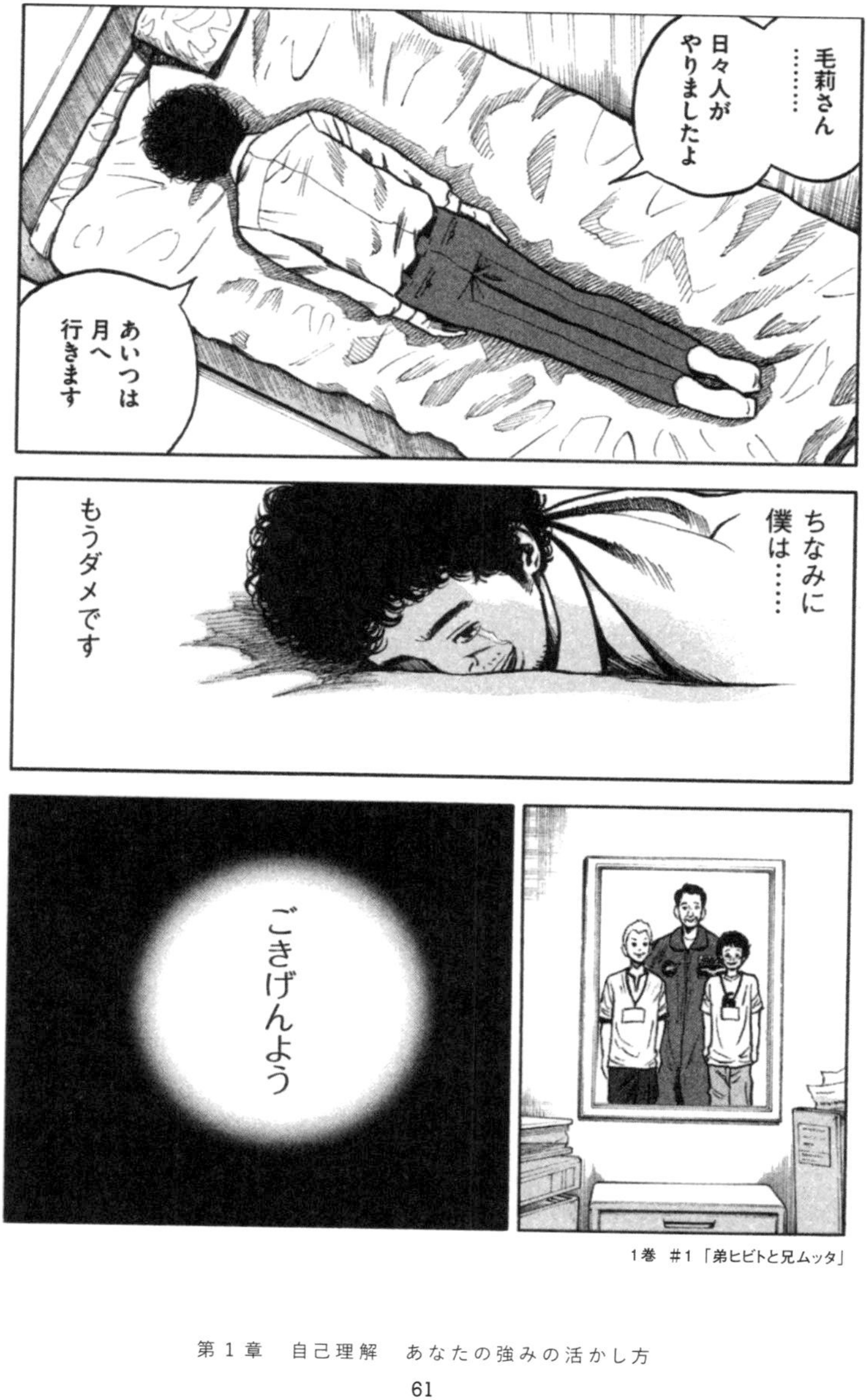
毛莉さん………
日々人がやりましたよ
あいつは月へ行きます
ちなみに僕は……
もうダメです
ごきげんよう

1巻　#1「弟ヒビトと兄ムッタ」

「保全性」の高い人＝後ろ向き、ということではありませんが、『宇宙兄弟』の、特に序盤で描かれるムッタは、確かにやや後ろ向きで、パッとしない印象です。なぜでしょうか。

ＦＦＳ理論では、適度な負荷（ストレス）がかかった状態のときに、その人の個性がポジティブな方向に発揮され、過度なストレス状態または過小なストレス状態では、その人の個性がネガティブな方向に発揮される、と考えます。「過小なストレス状態」ならばいいではないかと思われるかもしれませんが、人が生き生きと活動するには、適度な刺激が必要です。例えば、毎日決まりきった作業ばかりでは、刺激がなさすぎて退屈します。自分の思うような活躍ができなければ、気持ちが腐ってしまいます。

「保全性」が本来持つ個性とは？

あきらめモードから抜けられないムッタは、しぼんだ風船のようなもの。過小なストレス状態のため、彼が本来持つ個性の強みを発揮できないでいると考えられるのです。

では、「保全性」の個性とは本来どのようなものでしょう。ムッタの「保全性の高さ」がよく表れているシーンを見てみましょう。彼が小さい頃に、南波兄弟を見守り続けた天文学者、シャロンの家で音楽のセッションをしようとしたときのことを思い出すシーンです。

……
スタ
スタ
「ここにトランペットがあります」
ねえムッタ
スタ
スタ
「ピアノもあります」
「ハーモニカもあります」
「ギターも太鼓も」
……

「どれをやってみたい？」
…………
全部！

ええ——
全部
やるの？
だって
全部やって
みなきゃ
決められない
…………
昔 ムッタに
こう訊いたら
全部！
って言って
片っ端から音を
鳴らしていったの
覚えてる？
1時間
かけて
それであなた
その中でなぜか
トランペットを
選んだのよ
どうして？
って訊いたら

1巻　#2「俺の金ピカ」

すぐに決めきれないし、決めようとすると不安が襲ってくることもあります。「念のため、全部確認したい」と思うのが、「保全性」の特性です。シャロンの家には、トランペットをはじめ、ピアノ、ギター、太鼓、ハーモニカなど、様々な楽器がありました。

その中から「一番難しいから」という理由で、ムッタはトランペットを選びます。簡単に演奏できそうな楽器ではなく、一番難しそうな楽器を選んだのです。

なぜでしょうか。「保全性」は、知識やスキルを積み上げていくことを好む因子です。経験知の蓄積はその人の自信になり、さらに高みを目指す原動力になります。目標に到達するまで時間や努力を要しても、まったく平気なのです。

ただし、難しそうなものを選ぶといっても、未知の領域に挑戦したいわけではありません。時間をかけて努力さえすれば手が届く範囲で、自分の経験知を最も高められそうなものを選びます。それがムッタの場合、トランペットだったのです。

一歩を踏み出す場面では慎重で、なのに、一歩を踏み出すと決めたなら、どこまでも粘り強く、やりたいことを成し遂げようとします。

「保全性」の高い人が道を切り開くには

「保全性」の高さ＝慎重さは、生まれ持った個性です。くどいですが、「拡散性」と比較して、どちらが優れているとか、劣っているということではありません。

行動力がある、というのは、経験や知識の積み重ねがまったくない未知の領域へ足を踏み入れることを喜びとするタイプ、ともいえるでしょう。「拡散性」の高い人の行動力はそこから来ます。それを慎重派の人が形だけ真似しようとしても、自分を苦しめるだけです。

では、「保全性」の高い人が未知の世界に飛び込み、夢をかなえるにはどうすればいいのでしょうか。

「保全性」ならではの戦い方があります。自力で道を切り開くのが苦手なら、周りの人の助けを借りればいいのです。

ムッタの場合、再び宇宙飛行士を目指すきっかけをつくったのは、弟のヒビトでした。

ヒビトは、幼い頃からムッタと夢を共有してきた、ムッタの一番の理解者です。

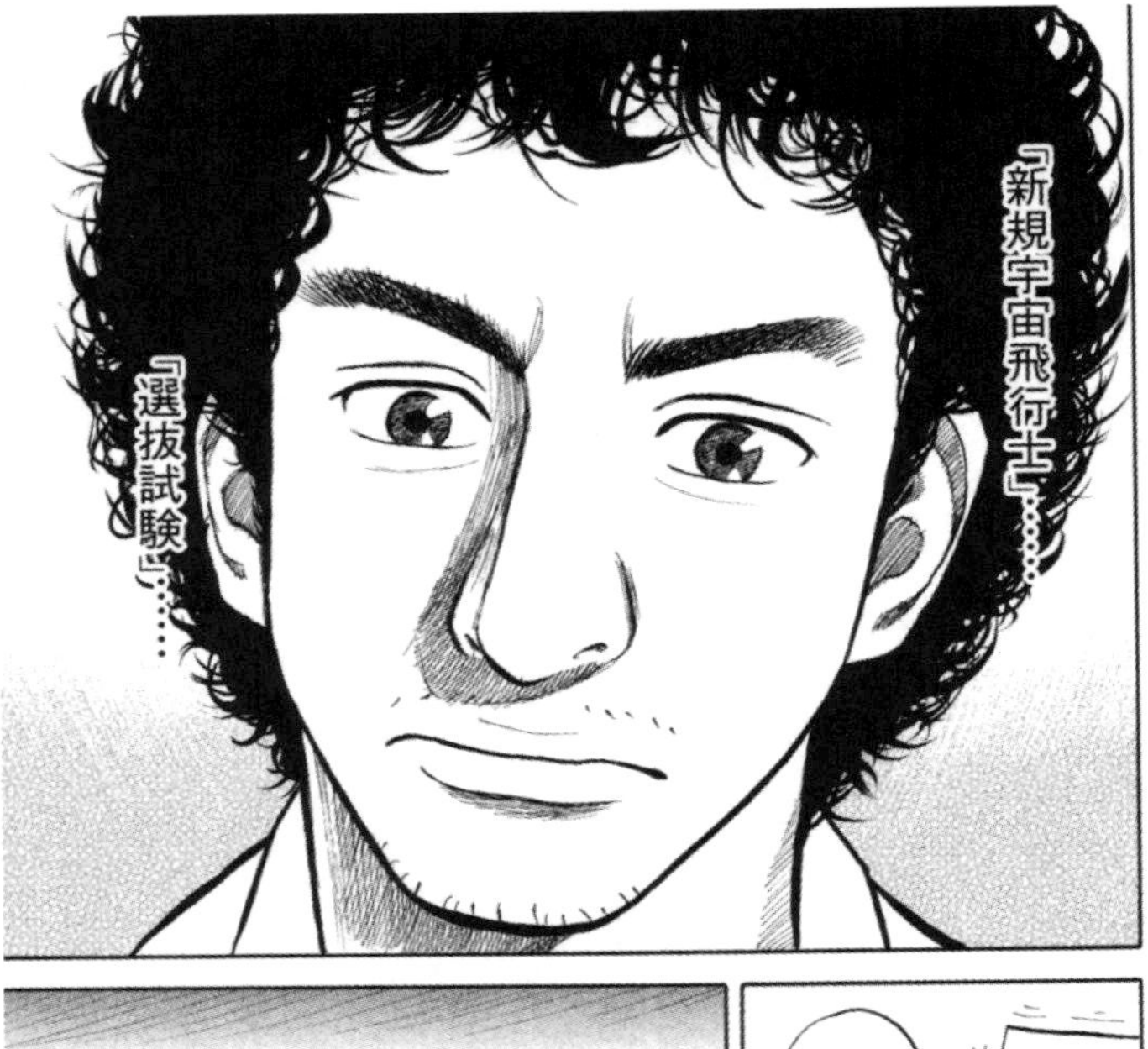
「新規宇宙飛行士」……
「選抜試験」……
え……？
……
書類選考を通過しましたことをお
ひ……日々人……
私はこの時……

1巻 #1「弟ヒビトと兄ムッタ」

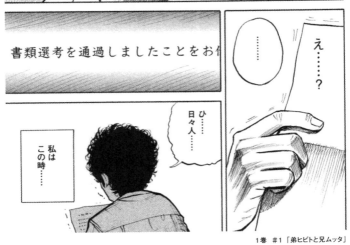

ヒビトがムッタに内緒でＪＡＸＡ（宇宙航空研究開発機構）に履歴書を送ったところ、書類選考を通過したのです。これでムッタが最初の一歩を踏み出すハードルはかなり低くなりました。自信を失ったムッタを動かすには、これくらい強引なお膳立てが必要だったのです。

まずは音を出して

もう一人、第二の母といえるシャロンの存在も大きなものでした。シャロンは、兄弟の個性の違いをよく理解し、挑戦に慎重になりがちなムッタの人生の節目ごとに彼を勇気づけ、背中を押してきました。

ムッタは選択に悩むと、必ずシャロンのもとを訪れています。彼女に会うことで、勇気を得て、未知の世界に進むことができる。これが悩んだときのムッタのルーティンです。ちなみに、ルーティンを持つのは「保全性」の特性です。不安なときに確認することで、再び慣れていることを続けられるからです。

ＪＡＸＡの宇宙飛行士選抜試験を控えて、ムッタは再びシャロンに会いに行きます。不安に襲われてまた逃げようとするムッタに、シャロンは音楽に喩えてこんな言葉をかけるのでした。

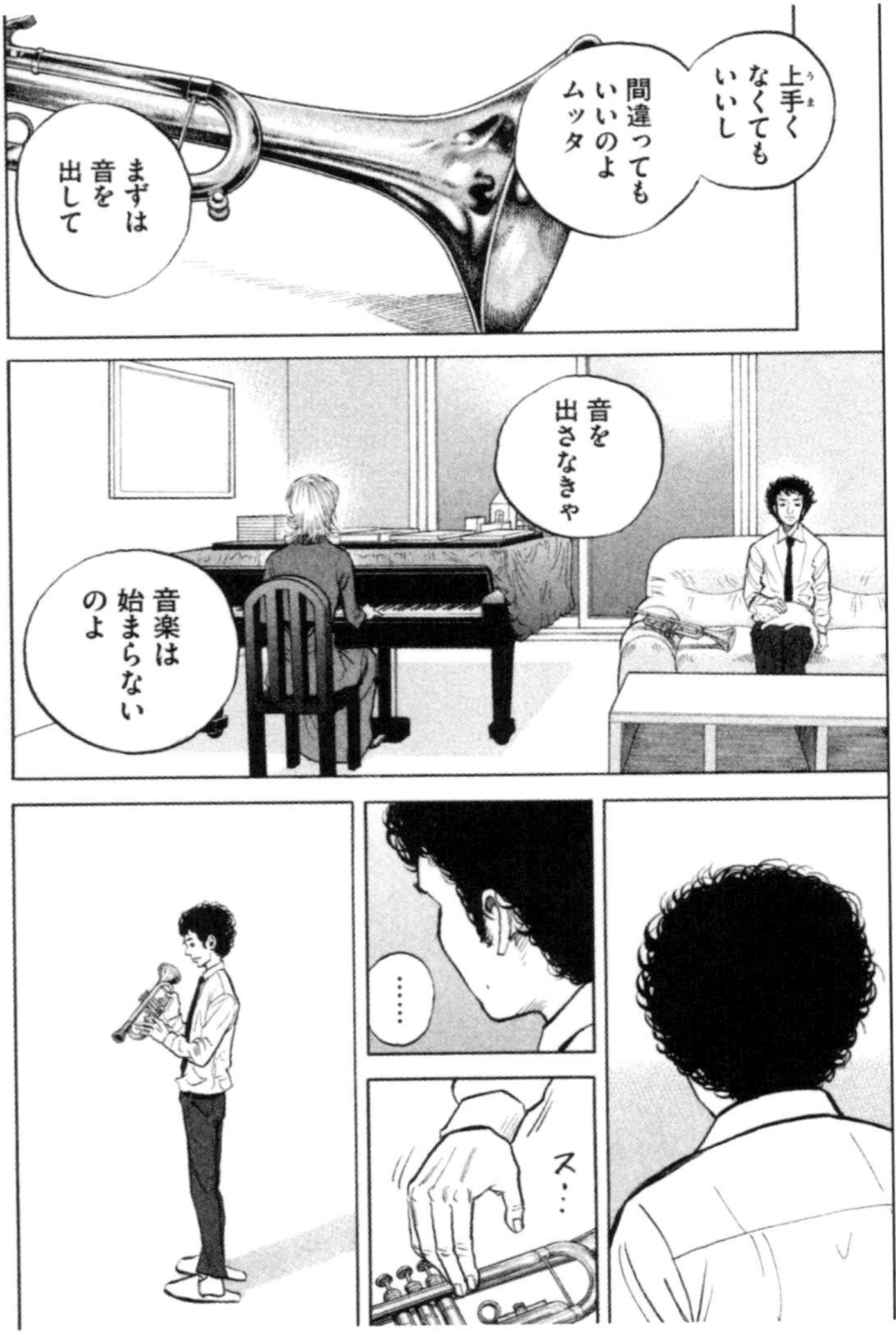
上手《うま》く
なくても
いいし
間違っても
いいのよ
ムッタ
まずは
音を
出して
音を
出さなきゃ
音楽は
始まらない
のよ
……
ス…

「上手くなくてもいいし　間違ってもいいのよ　まずは音を出して」
「音を出さなきゃ　音楽は始まらないのよ」

最初の一歩が踏み出せない人は、自力で道を切り開こうとするより、自分の代わりに少しだけ扉を開いてくれる人を味方につけて、その人たちの力を借りながら進めばいい。それが、「保全性」の高い人の採るべき戦い方です。具体的に言うなら、例えば、普段から信頼できる上司に自分のやりたいことを伝えておきます。そうすれば、興味のあるプロジェクトに推薦してくれたり、進みたい方向に後押ししてくれたり、夢をかなえるきっかけをつくってくれるかもしれません。

心に「やりたい」思いは秘められている

そしてチャンスが巡ってきたら、迷わず乗っかることです。そこはやるしかありません。付け加えると、「保全性」と「拡散性」に共通するのが、どちらも「好き／嫌い」「快／不快」「興味あり／興味なし」といった、「情動」が判断軸となる個性だ、ということです。「好きだからやりたい」「興味があるからやりたい」と、情動がその人を突き動かすのは、どちらも一緒。そして、「やりたい」と判断してからの行動が異なります。「すぐやる」が「拡散性」、「確実にやりたい」が「保全性」です（ただし、日本人に最も多く見られる因子は

1巻#2「俺の金ピカ」

「受容性」なので、まず「人をおもんぱかる」ことを考えて動いている人が多いです。東京オリンピック招致で語られた「おもてなし」こそ、日本人の基軸なのです。詳しくはのちほど)。

「保全性」の高い人は、最初の一歩が踏み出せないからといって、「何かを成し遂げたい」という情熱がないわけではないのです。慎重すぎるあまり、すぐに行動に結びつきにくいだけで、「やりたい」思いは秘めています。「拡散性」の高い人がそこを理解すると、「慎重なだけでやる気がないわけではないのか」と、誤解が解け、チームの結束が固まります。

「やる気がない」と誤解されないために

例えば、会議を開くとします。「お前、ど

う思うんだ?」と上司から意見を求められても、「保全性」の高い人は「正確に発言したい」とか、「皆の意見を聞いて参考にしたい」などと考える傾向があります。慎重になるあまり、なかなか自分の意見を言い出しにくいのです。メンバーがそこを理解していれば、うまく発言を引き出すことも、やる気に本格的に火をつけてあげることもできるでしょう。

「保全性」の高い人が心がけるとすれば、まずは、自分の思いに素直になること。そうすれば、周りの人が応援してくれるようになり、きっとチャンスも巡ってくるはずです。それでも悩んだときは「ムッタのトランペット」と唱えるのもいいかもしれませんね。

まとめ

- 「保全性」の高い人は、確実に準備してから行動する。
- 対照的な「拡散性」のやり方を無理して真似る必要はない。
- 最初の一歩が踏み出せないときは、周りの人を味方につけて背中を押してもらおう。

「準備ばかりして行動できない」を抜け出すには

事前の情報収集だけで満足して、行動に移さない——。これは、物事を慎重に進めたい「保全性」の高い人が陥りがちな罠です。その一方で、徹底した情報収集は、「保全性」の高い人にとって強力な武器になり得ます。つまり、あなたは使い方を知らないだけで、すでに武器を持っているのです。

ムッタは「保全性」の強みと弱みを持つ

21巻 #197「俺です」

「一歩を踏み出せない」人は、周りにいる「何にでも恐れずに飛び込んでいく人」がまぶしく見えたり、無理をしてそのマネをしようとしたりすることがよくあります。

でも、そういう人を羨ましがったり、後を追ったりする必要はない、というのが私の考えです。「人にはその個性によって最適な判断・行動基準がある。行動するなら自分に合ったやり方で」というのが、FFS理論の基本にある考え方だからです。

当たり前ですが、思いつきで動くのが苦手な人も、得意な人もいます。苦手な人はムリに動き出すより、自分の得意な行動パターンを磨いていくべきでしょう。FFS理論を、それこそムリに学んでいただく必要はありません。「動き方のヒント」になれば幸いです。

「しっかり準備したい」で、動けなくなる

日本人の多くは「保全性」が高く、「確実に」「しっかり準備してから」と考える個性の持ち主です。そう考えると、これは日本の企業、組織に強く表れる特徴とも言えそうです。

確実にやるためには、情報がたくさんあるほうがいい。時間をかけて情報を集めて、不安な要素を取り除いて、着実に進もうとする。これが「保全性」の特性です。そんな「失敗したくない人」が陥りがちな「失敗」は、準備のために情報を集めるだけ集めて、満足してしまうことです。

情報を幅広く集めることは、決して悪いことではありません。でも、いつしか情報を集めていることに満足して、挑戦が後回しになってしまうのです。能力があるにもかかわらず、やり始めないのですから、周りからは「逃げている」と受け取られます。

特に、失敗を厭わず、何でも「すぐに」やろうとする性質の「拡散性」の高い人からは、「なぜやらないんだ？　あいつは逃げているだけだ」と思われがちです。ここはぜひ「拡散性」の高い方に分かっていただきたいのですが、「保全性」の高い人は、自分が逃げているとはサラサラ思っていないのです。情報を集めることで、少しずつでも着実に前進している、と、本人は信じています。

その心理を、「保全性」の高い異色の主人公、南波六太（ムッタ）の行動から読み解いていきましょう。

ＪＡＸＡの宇宙飛行士選抜の２次試験を終えたムッタ。審査結果を待つ間、すでに宇宙飛行士として活躍する弟のヒビトに誘われて、ＮＡＳＡ（米航空宇宙局）の本拠地であるヒューストンに来ています。

そこでムッタは、人づてにこんな話を耳にします。

「上司への頭突き」が原因で彼が前職をクビになったことを、一部の審査員が問題にしている。そこで職員が前の会社に問い合わせたところ、ムッタの元上司が「南波君は宇宙飛行士には向いていない」と話した、というのです。それを聞いたムッタは、「もう１００％落ちた」と勝手に思い込んで、落ち込みます。そして、そのことをヒビトに打ち明けることができません。

そのとき、ムッタが取った行動は、新聞を読み、ラジオを聞き、テレビを見ながら食事する。いろんなものを同時に見たり聞いたりすることでした。ムッタは昔から、嫌なことがあると一心不乱に、実は大して興味のない、ゴミ情報やゴミ知識を集める癖がありました。そんなムッタに母親が付けたあだ名が、「コロコロムッタ」。

マシャチューセッ……
マサチューセッチュ……
カミまくりだな このキャスター
ウホンッ 失礼しました
うわっ ヒューストン《ここらへん》だよこれ！
「連続強盗消火器男現る」だって
日々人《ひびと》 局替えて ラジオッ
……
ゾジザザ ザザザ
どの局？
行きすぎ行きすぎ
2.4MHZ《メガヘルツ》 戻れ
モリ モリ

ザザ……ウェ〜イ♪
……
ムッちゃん何かあった?
なんもねーよ
うわっコイツ
バカだなーこの消火器男
The Fire Extinguisher Man Emerges Again!
Recently, one man is disquieting the town.
The man is called "The Fire Extinguisher Man", and he is feared by the inhabitants.
▶NEXT
消火剤を店員の顔に噴射しその隙《すき》にレジの金盗むんだって!
兄・六太《むった》は昔からたまにこうなる
母がつけたあだ名——"コロコロムッタ"

TVにラジオに
新聞や雑誌
そんなのを
同時に見たり
聴いたりする
状態——
それね……
スイッチ入っちゃってんのよ
〝コロコロムッタ〟の
……コロコロムッタ……?
これよコレ
あっちへコロコロ
こっちへコロコロ
興味もないゴミ情報ゴミ知識を集める集める
コロコロコロコロコロ
コロコロ

2巻＃12「コロコロムッタ」

一心不乱に情報を集めることは、「保全性」の高い人にとっては有効な方法です。「保全性」の高い人は、何か問題が起きると、過去に積み上げた知識や情報で解決しようとします。ですので、「いつか問題が起きたときのために、できるだけ情報を集めておきたい」という心理が働きます。

今は何の役に立つか分からなくても、いずれ役に立つかもしれない。情報は、多いに越したことはありません。だから、情報で満たされていると「取りあえず（少しは）前に進んでいる」気持ちになって、安心できるのです。

実際にムッタの場合、新聞やテレビから手当たり次第に仕入れた情報の断片が、役に立ったこともあります。ヒューストンに滞在中、新聞で読んだ「消火器男」の情報が、その後の事件解決に少しだけ役立ちました。

また、頭の中を〝情報洪水〟にすることで、考えたくないことを考えずに済みます。ムッタも「保全性」の高い人は、先の見えない状態にストレスを感じ、不安になります。選抜試験の結果を待つ間、不安に押し潰されそうでした。とにかくゴミ情報でも何でも、情報を詰め込むことは、嫌なことを忘れさせてくれる隠れみのになったのです。

手当たり次第に集められた情報は、そのままではゴミ同然、使い物になりません。では、「保全性」の情報収集癖は、隠れみのにしかならないのでしょうか？　いえいえ、正しく使えばものすごく強力な武器になります。

「保全性」は情報の体系化が得意

情報は体系化することで、利用価値がグンと高まります。いわゆる「引き出しが多い人」は、たくさんの情報を体系化し、必要なときに必要な情報を使える人のことで、「優秀な人」と見なされます。

そして「保全性」の高い人は、この「体系化」が得意なのです。

体系化とは、「別々なものを系統的に統一していくこと」です。言い換えれば、インデックスの付いた情報が、ファイリングされている状態です。情報が体系化されていると、何かの刺激に対して関連する情報を引っ張り出しやすくなります。

この能力は、勉強の仕方で強化されるといわれています。一つ学んだら、その周辺を学ぶ。そして関連づける。これを繰り返すことで、「大項目」「中項目」「小項目」と分類していきます。例えば、辞書で言葉を調べるときに、必ず関連する項目も読むと、この能力が鍛えられます。子どもの頃から読書好きで、整理好きな人は体系化が得意です。

宇宙飛行士になって数々の困難を乗り越えるムッタですが、実は体系化した過去の情報が役に立っているのです。

晴れて宇宙飛行士になったムッタは、実践に備えてNASAでの訓練に明け暮れます。しかし、あるミッションのバックアップクルーへの抜擢を断ったことから、月面で使うバギーの開発部署に異動を告げられます。つまり、飛ばされたのです。

ここで結果を出さなければ、宇宙飛行士には戻れないかもしれない。焦るムッタに与えられた課題は、「クレーターに落ちても壊れないバギー、もしくはクレーターに落ちないバギーを製作する」というものでした。

月のような低重力環境でブレーキ性能を高めることは意味がないし、宇宙空間へ打ち上げるものだから軽量でなければならず、頑丈なバギーは作れません。さて、どうするか？

ムッタは宇宙飛行士になる前、自動車開発分野で専門性を究めた一流の技術者でした。また、子どもの頃からJAXA関連のイベントに通い詰めてきた、筋金入りの〝宇宙マニア〟でした。この2つの分野において、ムッタの知識はかなり体系化されていたと考えられます。

ムッタの記憶をよぎったのは、自動車開発会社に勤めていた頃に取り組んだ「空飛ぶ車構想」でした。当時の最大の課題は、交通の秩序を空でどう維持するかということ。その解決策として考え出したのが、「フロントガラスに道を映し出す」というアイデアでした。その案を引っ張り出して、「道なき月面に道を映し出す」というプランに昇華させたのです。

……
子どもん頃さ
未来じゃ車も空飛んでると思ってたけどな
実際はそーでもなかったな
ああー！
いいかも！バギーも空飛ばしちゃう？
こらこらコストオーバーだろ
もし実現したとしても
砂をまき散らしながら進む
大迷惑な乗り物の完成だ
……

でもとりあえず一案として提出してみるのはいいんじゃないか？
他にも何案か出して
あとは本部が予算を見て決めることだ
あ……
……？
……
何のあだ？
「解決できるかもしれない案を」……
「思いついたかもしれない」……のぁ
……
あ？
ゴォオオオ

14巻 ＃134「解決案かもしれない」

ムッタは、技術者としての経験と人脈、それに月面環境の情報を総動員・体系化して、これまで誰も考え付かなかったアイデアを生み出しました。

自分の専門領域で、徹底的に理論武装を

私の知り合いに、仕事では即断即決、周りからはかなり行動派と見なされている人がいます。実は彼は、FFS診断では「保全性」が第一因子（5つの因子のうち数値が最も高い因子）です。つまり、本来は行動派ではありません。本人もそれは自覚している様子です。「僕はとても慎重で、誰かに指摘されることが不安で仕方ない。だから、徹底的に情報を集めて調べつくして、どんな質問にも完璧に答えようとしているだけです」

仮にこの人をTさんと呼ぶことにしましょう。Tさんは大手メーカーの人事部門のリーダーです。そうなったのは、新人で配属された部門がたまたま人事労務だったからです。労務では、細かい法律や手続きを知っておく必要があります。Tさんは、仕事での不安を払拭するため、手当たり次第に参考書を読み、会社が契約する社会保険労務士に疑問をぶつけ続けたそうです。さらに、その情報収集は周辺に及びます。人事制度から人材育成まで枠を広げていくことで、「人事関連で一番詳しいヤツ」という〝称号〟を得るに至ったのです。

ただし、これだけ豊富な専門知識で武装しても、Tさんは望んで今のポジションに就いたわけではありませんでした。先に書いたように、「保全性」の高い人は、自分から枠の外へ飛び出すのは苦手なのです。

「コロコロムッタ」にならないように

Tさんの場合、上司から常に相談されるほどの専門性を磨き、「自分の部下に欲しい人材」という評判を獲得しました。その結果、上司に引き上げられて、今の地位を築き上げたのです。

思いつきで動くのが苦手で、しっかり情報を集めたいと考える人、FFS理論的には「保全性」の高い人が、一歩を踏み出し、自信を持って戦うためのコツをまとめます。

「保全性」の高い人は、やみくもに情報を集めるのではなく、誰にも負けない専門領域を持つことを目指すとよいでしょう。「この領域なら誰にも負けない」と思えるくらいの知識を蓄積し、体系化するのです。その知識の及ぶ範囲でなら、自信を持って戦えるはずです。

反対に、それ以外の領域で戦おうとは絶対にしないことです。自分の守備範囲を見極めることが大切です。これは、未知の領域にも飛び込んでいける「拡散性」の高い人とは異なる戦い方です。

不安を感じたら、頭の中を自分の専門領域で使える情報で埋めて、徹底的に理論武装するのがいいでしょう。「ここまで調べつくした」「インデックスも付いているから、すぐに対応できる」「自分が一番詳しい」と思わざるを得ない状態まで、自分を追い込むのです。そうすれば、余計なことを考える隙がなくなり、不安感を払拭できます。自信にもつながります。ここぞという大事な会議やプレゼンの場で、決定打を打つことができるはずです。

思い当たる方は、実際に「コロコロ」を机に置くのもいいかもしれません。そして「コロコロムッタになりかかった」と気づいたらゴミ集めをストップ。集めた情報を使って一歩を踏み出し、自分の枠を広げていきましょう。あなたはそのための準備がもう十分できています。

まとめ

・「保全性」の高い人は、情報を幅広く集めて体系化するのが得意。
・自分の専門領域で徹底的に情報を集め、理論武装しよう。
・「この領域なら誰にも負けない」と思えれば、自信を持って戦える。

「保全性」同士の関係

Five Factors & Stress

同僚の足をひっぱりたくなるのはなぜか？

ライバル心は、うまく利用すれば自己成長の糧になりますが、勝ち負けにとらわれすぎると、お互いに足を引っ張り合う泥仕合に発展しかねません。しかも、普段は仲間意識の強い「保全性」の高い人同士で、その傾向が強いのです。助け合うべき仲間なのに、相手の足を引っ張りたくなる心理とは？

［南波六太（ムッタ、左）のライバルとなる真壁ケンジ（右）］

16巻 #154「俺とケンジ」

同じチームで、助け合って同じ目標を目指すべき存在。なのに、相手をライバル視するあまり関係がギクシャクして、仕事にも支障が出てしまった——。そんな経験はありませんか？

「俺たち、仲間だからな」と互いを認め合い、良好な関係を築いてきた2人でも、どちらか1人しか念願のポジションに就けないとか、成績順位で評価されるような状況では、急によそよそしくなることがあります。互いを攻撃し合ったり、足の引っ張り合いに発展したりすることも珍しくありません。しかし、相手を蹴落として自分が勝とうとすれば、互いに気まずくなるだけでなく、組織全体にもマイナスに働きます。

そもそも、なぜ、組織の中で足の引っ張り

合いが起こるのでしょうか。日本には「保全性」の高い人が多いことを踏まえて考えると、「保全性の同質関係」がキーワードとなります。

ＦＦＳ理論ではお互いの個性が似ている関係を「同質」と呼びます。「保全性」の高い人の同質関係では、１つの椅子を奪い合うライバル関係が生まれやすいのです。「保全性」は「現状を維持しようとする力」のことです。なぜライバル関係が生まれやすいのか。『宇宙兄弟』のドラマから今回も読み解いていきましょう。

似ているから、すぐ分かり合える

今回登場するのは、主人公の南波六太（ムッタ）と、同期の宇宙飛行士の真壁ケンジです。ムッタもケンジも、物事を着実にやろうとする傾向が見られるので、「保全性」の高いタイプと推測できます。２人は「保全性の同質関係」です。

冒頭で、同質関係のネガティブな側面に触れましたが、同質関係にはポジティブな側面もあります。お互いに似ているから、分かり合えることが多いのです。

例えば、簡単な説明だけで、言わんとするところがすぐ伝わります。考え方や行動パターンも似ているので、「そうだよね。分かる、分かる」と共感でき、共有が早いのです。「気心が知れた仲」になりやすいのです。これは「受容性」、「弁別性」、「拡散性」、「保全性」

の同質関係で共通です。ただ、「凝縮性の同質関係」は、「こだわりが強い」ことで似ていますが、何にこだわっているのか、その価値観次第で関係性が変わります。もし違う価値観であれば、その差を受け容れず、争いに発展することがあります。

また、同じ強みを持つ者同士なので、同じ体験を経て得る知見も近いものがあります。新人を現場で育成するＯＪＴ（職業内訓練）では、同質の先輩がトレーナー役を務めるのが最も教育効果が高いといわれています。同質の先輩が困難を乗り越えてきた経験は、後輩にとって理解しやすい、素晴らしい指南となるからです。

ムッタとケンジが出会ったのは、ＪＡＸＡの宇宙飛行士選抜試験の会場でした。ケンジは、自ら手を差し出して握手を求めます（次ページのマンガ参照）。

ムッタはケンジに対し、「レトロな髪型の割に爽やかな青年だ」と好印象を持ちました。「保全性」の高い人が相手と親しくなるには、「相手は敵ではない」と認識することが重要です。ムッタとケンジの場合は、すぐにお互いの懐に入っていきました。

仲間意識の強さは、「保全性」の特性です。「保全性」は「拡散性」と並んで、人間の気質からくるものです。

よくいわれる「農耕型」「狩猟型」で説明してみましょう。

同じく31で受験生の
真壁《まかべ》ケンジです
これから一週間がんばって行きましょう！
オォーーーッ
ギュウ
南波六太です
レトロな髪型の割になんて爽《さわ》やかな青年だ！
この歳《とし》で“同い年《どし》”のことを“同学年”なんて言うあたり……
まだまだ青春してやがるな！

1巻 #3「ネジ一個だよ人生は」

農耕型組織は決まった土地に定住し、広い田畑を耕していきます。そのためには、みんなが協力して同じことをする必要があります。組織に属するメンバーは、仲間であり、味方であるという意識が強い。周囲と和やかな関係を築こうとするのも「保全性」の特性です。

ムッタとケンジは、出会って10分ですっかり打ち解けました。「ムッ君」「ケンジ」と下の名前で呼び合うのは、お互いを仲間と認めている証拠ですね。

ところが、ある時、2人の仲がギクシャクする事態が発生します。月面環境を仮想した海底の施設で、NEEMO（ニーモ）と呼ばれる訓練に参加していたときのこと。同じチームになった2人は、初めはいいコンビネーションを見せていましたが、途中でリーダーから「お前ら2人のうち、月へ行くのはどちらか1人だけだ」と告げられました。この訓練は、ムッタたち新人宇宙飛行士の選抜試験も兼ねていたのです。

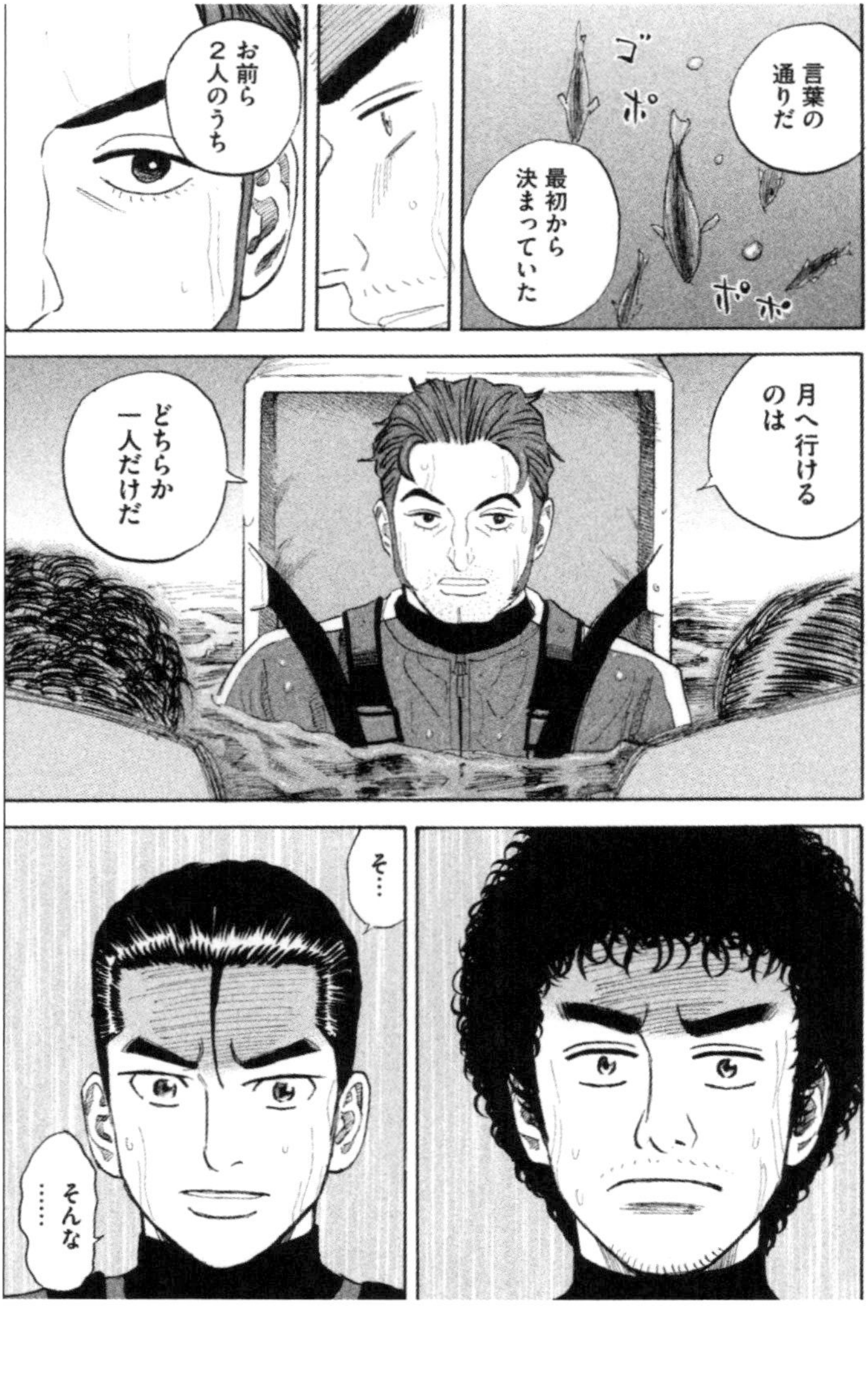
言葉の通りだ
ゴポ
ポポ
最初から決まっていた
お前ら2人のうち
月へ行けるのは
どちらか一人だけだ
そ…
そんな……

16巻 #153「宇宙家族」

2人とも、驚くとともに、バツの悪そうな表情になっていました。このシーンの2人の表情は、「保全性」の高い人が見せる「バツの悪そうな表情」をうまく捉えていると思います。その裏には、こんな心の動きがあります。

まず、「(自らの安定を保証していたはずの)味方が急に敵になる」という想定外な状況に直面して、強い不安に襲われます。相手の顔を正面から見られない。でも、無視もできない。どうしよう、どうしよう、どうしたらいいんだ?――という心のざわめきです。

現状を維持したい、だから負けたくない「保全性」の心理

仲間意識の強かった2人が、急にライバル意識を抱くようになったのは、「保全性」の高い人には「相手に負けたくない」という意識が強いからです。

先ほど「農耕型組織」を例に挙げましたが、分かりやすいのでそのたとえで説明しましょう。農耕型の組織では、多くの人がその場に定住し、分業の仕組みを作り、組織立って動いています。そこには村長(むらおさ)を中心とするヒエラルキーが生まれます。少しでも順位や地位が高ければ、自分の労働負荷が軽くなり、取り分も良くなる。そんなメカニズムが働くのが、この組織の特徴です。

ですのでメンバーは、自分が何番目なのか、順位を気にします。その組織で生きるなら、

周りの人よりも上にいくほど、自分の身の安泰を保てるからです。

昔、バリバリの営業主導の会社で、売り上げ、受注数、達成率などを壁に貼り、競争をあおるシーンがよく見受けられました。これは、「保全性」の「負けたくない」という負のモチベーションをあおる効果がありました。

ただし、「保全性」の高い人は「圧倒的に勝ちきる」ことにも不安を感じます。ちょっとした差で勝つのが一番いいのです。農耕型組織では、「村八分」にされたら生きていけません。だから、「あいつは違う」と思われたくない。同じだけど、「ちょっとだけ優れている」のが望ましい。周囲から「どう見られているか」が心配になるのも「保全性」の特性です。

どちらかを選ぶという非情な意思決定を前にして、突然、1つの椅子を奪い合う関係になってしまったムッタとケンジ。ライバル意識が2人の関係をどう変化させていったのか、詳しく見ていきましょう。

他人と比較して自分を卑下しがちなムッタは、「比べるまでもなく、選ばれるのはケンジだ」と早々に弱気になります。そうかと思えば、「今回は俺に譲ってもらえないだろうか」という考えが頭に浮かび、そんなくだらないことを考えた自分が嫌になります。「チクショー」と自分に叫び、「早く終わってほしい」と逃げ出したい気持ちにもなりました。

そうだ
お前らだけじゃなく他のチームの〝アンツ〟も同じだ
俺がなんでお前らにこれを伝えたか
よーく考えてこれからを過ごせ
チャプ
チャプ
そんなこと…
ケンジは
俺よりずっと前から〝月〟の訓練を始めてるんだ
比べるまでもなく
考えてもしかたねぇよ…

「保全性」の発想は、とかく「内向き」になりがちです。この場合の内向きとは、「内にエネルギーをとどめておく」という意味もあります。つまり、「生き延びることを最優先するために、今は何もしたくない」という心理です。自分からは動かずに得たい結果を得るためにはどうするか……それは「相手が手を抜いてくれる」のが一番だ、という理屈になったわけです。

このように、「保全性」の高い人が窮地に陥ると、自分を奮い立たせようとするよりも、他人任せになることがあります。それでも答えが見つからなければ、そこから逃げ出したい気持ちになります。

他の上位因子の影響が出る

一方、ケンジは、ムッタへのライバル心を前面に出してきました。訓練では、月面基地の設備のアイデアを出し合い、実際の3分の1のスケールで簡易的なモデルを建設するという課題が与えられていました。

ケンジは、ムッタのアイデアに反対意見をぶつけることで、自分のリーダーシップをアピールしようとします。

2人の対応に違いが出たのは、「保全性」以外の因子が影響しているためでしょう。

月面望遠鏡は……
今回はなくていいと思う
唐突に濁《にご》り出した
ケンジとの空気感に
お前の意見は？
ムッタ
……
お…
俺は…
「早くこの訓練終わってくれよ」と
逃げ出したい気持ちになっていた

ＦＦＳ理論では、その人の個性は2つか3つの上位因子によって決定されると考えます。例えばムッタは「保全性」と「受容性」が高く、ケンジは「保全性」と「凝縮性」が高いタイプだと我々は見ています。

「受容性」の高い人は、相手を受け容れよう、相手の役に立とう、とする傾向があります。「受容性」の高いムッタにとって、相手を蹴落として自分が勝とうとするのは、つらい状況だったはずです。

手を貸すムッタと、拒むケンジ

一方、「凝縮性」の高い人は、「これはこうあるべき」といった価値観が明確で、物事に対してこだわりがあります。

ケンジの場合、こだわりの強さが影響して、「ムッ君と二人三脚をしてちゃダメなんだ」と心を鬼にして、自分が1つの椅子を取りにいく、と決意したのでしょう。海中から基地に上がるとき、ムッタが差し出した手も避けてしまいました。

何となく居心地の悪さをお互いに感じながらも、腹を割って話せない状態が続きます。本来は仲間意識の強い2人ですから、1つの椅子をめぐる駆け引きに、心が引き裂かれそうになっていきます。この状況をどう乗り切ればいいのか苦悩するのです。

……
チャパッ
ザバッ
ありがと

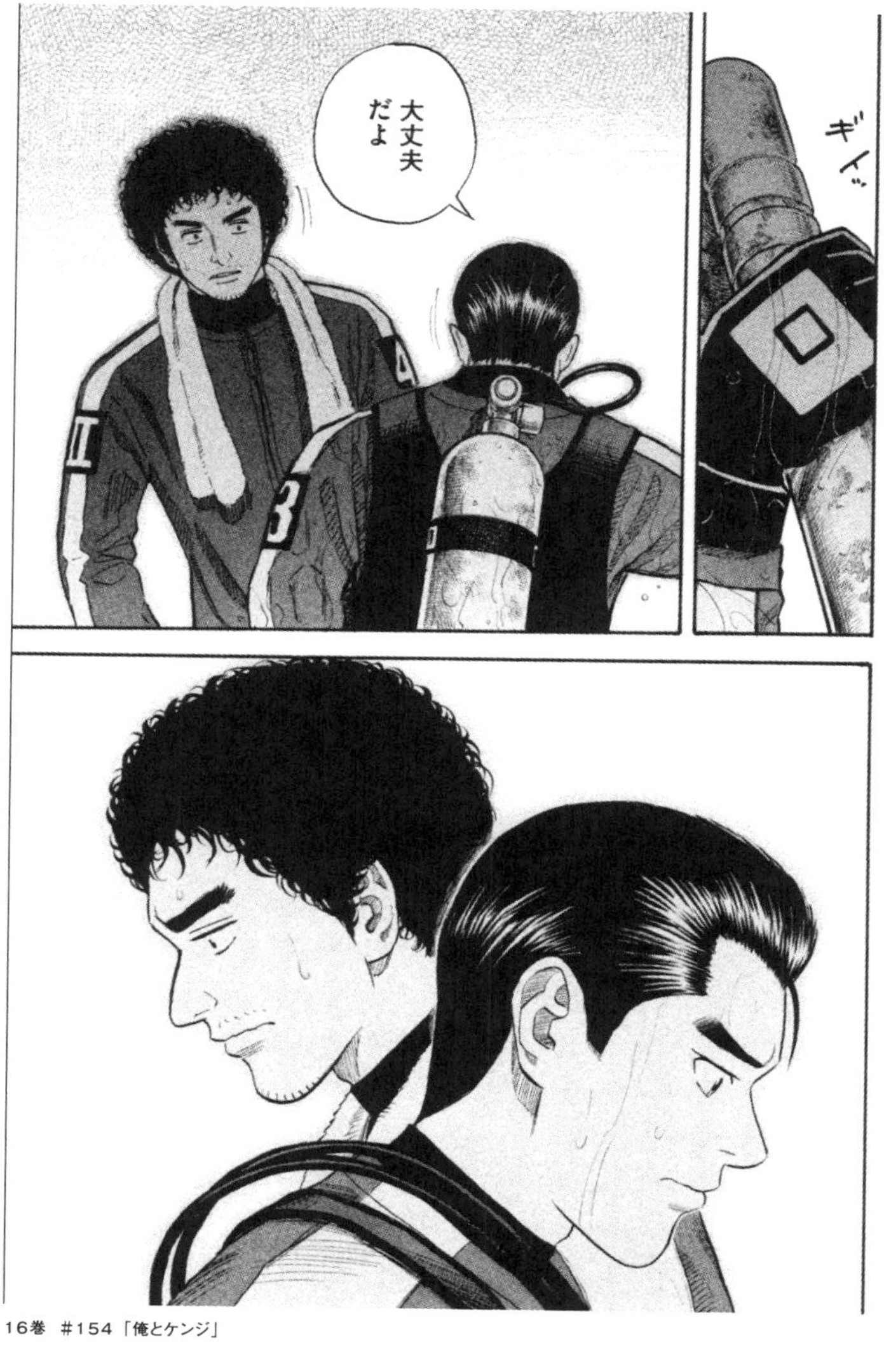

16巻 #154「俺とケンジ」

ちなみに、「拡散性」の高い人の場合、同質関係でも1つの椅子の取り合いにはなりません。「拡散性」の高い人は、内向きの「保全性」とは対照的に、外に向かっていく力が強い傾向があります。「保全性」が農耕系なら、「拡散性」は狩猟系。獲物を求めて動き、定住しません。一定の土地や枠組みの中で競い合う必要がないのです。ムッタの弟の南波日々人(ヒビト)は、まさにこのタイプです。

もし、ヒビトがこの訓練に参加して、「2人のうち1人しか選ばれない」と告げられたら、こんなふうに言いそうです。

「へえ、そうなんだ。なんでだろう」

「2人でもいいんじゃないの?」

「ダメなら仕方ない。まあいいか、次があるし」

「拡散性」の高い人は、未踏の地こそが面白いと感じ、自ら動きます。目の前の椅子は1つでも、外に探しに行けばいくらでもある、と考えます。とどまることなく発想を広げ、長期的かつ広範な視野で「枠組みの先」を見据えることができるのです。競争するのは、むしろ「昨日の自分」なのです。

「保全性」の高い人には、この考え方はイメージしにくいかもしれません。でも、「拡散性」の高い人の考え方や感じ方を知ることで、自分の核となる「保全性」への理解をより深めることにつながるはずです。

ライバル心をエネルギー源に変えていく

さて、ムッタとケンジは、お互いをライバル視するギクシャクした関係から、どうやって抜け出したのでしょうか。きっかけは、ムッタとアンディ（チームメンバーの先輩宇宙飛行士）の会話でした。

アンディにも、同期の宇宙飛行士がミッションに任命される中、自分だけが選ばれないことに焦り、苦しんだ時期がありました。でも、「考えるのをやめたさ。目の前にある訓練や仕事をさらに増やして、それで頭いっぱいにしてやった」と言います。アンディの言葉がヒントになり、ムッタは今すべきことに集中し、「この訓練を最高のものにするために挑戦していこう」と目覚めるのです。

ライバル心をプラスに転換していくためには、「切磋琢磨」する関係になることです。「保全性」の高い人は仲間意識が強いので、「仲間を助ける」という関係に戻れば、とても良いパートナーシップを築くことができます。また、先に触れた通り「保全性」はコツコツと積み上げていくことが得意です。目的を同じくする仲間同士が協力して、自分たちの枠組みを広げていくことで、成長につなげることができるでしょう。

“今”だ
……
今この訓練が
どうやったら最高のもんになるかだけを考えることにした
やったことはきっと俺らの力に変わるはず…
だからケンジ…
カチッ
ちょっとだけ
無理なことに挑戦してこーぜ

16巻 #157「スーパンダマン」

ちなみに、「拡散性」の同質関係では、切磋琢磨する関係は成立しません。「拡散性」の高い人には、「努力」という言葉が存在しないのです。彼らは、「面白い」と思うからやるのであって、「努力なんてカッコ悪い」と思っています。それよりも、「拡散性」の同質関係は、「お互いに触発する関係」になりやすいと言えます。

よく、「多様な視点を持ち、視野を広げるために、社内だけでなく、社外の多種多様な人と出会うのがいい」という意見を聞きますが、これは「保全性」の高い人には向きません。いろいろな人と出会うことで視野が広がるのは、「拡散性」の高い人です。

例えば「異業種交流会」は、おそらくは「拡散性」の高い人たちが仕掛けたものです。ところが、大勢の人が集まるころには、発起人の興味が失せてしまったりします。オンリーワンを好む彼らは、世の中で流行るモノに興味がないのです。発起人が辞めた後は、日本人の過半数を占める「受容・保全」の人たちが異業種交流会を維持し、交流会ならぬ「飲み会」に変容しています。

「保全性」の高い人は、自分の専門分野で引き出しを増やし、理論武装することで活躍の場が広がります。これもお伝えした通りです。異業種の集まりに参加するよりも、むしろ社内や同業の人たちと、自分の専門分野に関してトコトン深く議論するのがいいでしょう。そうすることで知識や情報を積み上げ、引き出しを増やしていくことができます。その意味で、社外よりも社内のネットワークの方が役立ちます。言い換えれば、仲間やライバルの存在を糧に、成長していけるのが「保全性」の強みです。

引っ張るべきは「足」じゃない

となると、ライバルが社内にいる状況は、実はとてもラッキーです。お互いが自分の持てる知見を出し合い、擦り合わせながら専門性を磨き上げていく。そして枠組みを少しずつ広げながら、さらに知識を体系化していく。そんな成長プロセスを描くことが、「保全性」の高い人には向いています。

足を引っ張り合っている場合じゃありませんよね！

手を繋いで、引っ張り上げるべきです。

まとめ

・「保全性」の高い人は、組織内での身の安泰を守りたいという思いが強い。
・そのため、周りの人よりも少しでもよい地位を確保したいと思う。
・自分の成長のために、仲間と切磋琢磨する関係を築こう。

16巻　#158「奇遇な二人」

「受容性」のモチベーション

Five Factors & Stress

タイプ別に考える、「人生の目標」の探し方

何のために生きるのか。これも個性によって異なります。人生に明確な目標や志を持ちやすい個性の人もいれば、相手軸で物事を考える「受容性」の高い人のように、「自分の夢」を語りにくい人もいます。でも、それでいいのです。自分の個性をポジティブに発揮していけば、夢や目標は自然に育まれていきます。

［「受容性」が高い人は周囲を幸せにすることから始めよう］

25巻表紙より

ここまでは、気質に由来する「保全性」「拡散性」に注目してきました。ここからは、後天的な因子であり、我々にもっとも共通している「受容性」について見ていきます。この因子を第一・第二因子（5つの因子のうち一番目か二番目に数値が高い）に持つ日本人は約64%。「お・も・て・な・し」は、まさに日本的なスローガンであり、我々の社会にぴたっとはまりました。

人の希望を叶えてあげることに最大の喜びを感じる「受容性」。しかし、それゆえに日本人の多くは、「あなたは、何のために働いていますか?」と尋ねられると、言葉に詰まります。管理職向けのワークショップでこの質問をすると、「子どものため」と答える人が結構いるので、「子どもはいずれ巣立っていきますよ」と返すと、「うーん。他に思いつきません」と答えるのです。

研修の熱血講師は、「自分の夢を持て！」と声を高らかに叫びます。なぜなら、「夢のある人生」は、それ自体が目的であり、目標となり、それに向かって課題を克服していくことができる。つまり、人生を生き生きとしたものに変えていけるからです。それは分かります。でも、「あなたの夢は何か」と問われても、うまく答えられない人もいる。それは、その人が仕事に対して真剣さを欠いているとか、怠けているということではありません。

自分の夢や志といった内面的なものは、人生経験はもちろんですが、その人の個性にも大きく影響される、と私たちは考えています。つまり、どのようにして夢や志を育んでいくのかは、個性によって違うのです。

「受容性」の高い人は八方美人に見えがち

「夢」や、「なぜ働くか」があなたの中で腑に落ちるために、FFS理論が参考になるかもしれません。例えば、個性を構成する5つの因子のうち、「凝縮性」の高い人は、自分の価値観が明確なので、働く目的もしっかり持っている傾向があります。また、「拡散性」の高い人は、自分の興味のおもむくままに動くので、周りからは夢に真っすぐ突き進んでいるように見えます。

ところが「受容性」の高い人は、周りの状況を柔軟に受け容れようとするために、〝八方美人〟に陥ることがあり、自分が追求したいテーマを決めきれないという側面があります。このタイプは人に対して寛容で肯定的であり、「人の喜びが自分の喜び」と感じることが一番の特徴です。従って、自分軸で動くよりも、相手軸で動きやすいのです。

ですので「あなたは何のために働いていますか？」と問われた場合に、具体的な「誰か」（例えば子ども）を助けたい、と思ってはいても、大きな視点での働く目的を、自分軸で語るのは難しい、というわけです。

さてどうしたものか。例によって、『宇宙兄弟』の人物描写から読み解いていきましょう。

主人公の南波六太（ムッタ）は、面倒見がよく、お人よしな性格です。FFS理論に当てはめると、日本人にもっとも多く見られる「受容性」と「保全性」が高いタイプと考えられます。ここまではムッタの「保全性」に注目してきましたが、今回は「受容性」の部分を見ていきます。

ムッタは、子どもの頃から宇宙に憧れ、宇宙飛行士になるのが夢でした。大人になってJAXAの宇宙飛行士選抜試験に挑戦するようになり、自分と同じ夢を追いかける仲間に出会います。

ケンジには抱えているものがある
ザッ
命を懸けることになったら
その重さは倍増する
ザッ
ザッ
せりかさんには強い志がある
やらなきゃいけない大事な仕事がある

で……
俺には何か
あったっけ?
《#19》スタート

たいして何も
ないくせに
ハァ
浮かれ
すぎだろ
ハァ
ただの
憧《あこが》れだけで
3次審査まで
行ってしまって
………
ハァ
ハァ
いいんでしょうか…？
いいのよ
それで
……!!

3巻＃19「スタート」

仲間たちには、宇宙飛行士を目指す明確な理由がありました。ある者は父の遺志を継ぐため。ある者は応援してくれる家族のため。「それに比べて自分はどうなんだ?」と、ムッタは自問自答します。そして、自分にはそれほど強い動機がないことに気づいて、落ち込むのです。でも、そんなムッタにシャロンは「いいのよ それで」とさりげなく言います。

なぜ、(「受容性」が高い)ムッタはそれでいいのでしょうか。詳しく説明する前に、他の個性の「夢」「目標」の持ち方について、先に触れておきましょう。

「こうあるべき」が原動力になる「凝縮性」

まず「凝縮性」の高い人から。このタイプはこだわりが強く、「こうあるべき」という価値観を持ちやすい特性があります。

例えば、「世の中はこうあらねばならない」と信じている人が、そうではない現状を理解すると、「世の中を正すこと」が自分に課せられた使命だと思う傾向があります。そのため、社会的あるいは文化的な課題解決を自分の「すべきこと」に設定しやすいのです。教育現場の荒廃、インフラの不整備、環境の悪化や温暖化、貧困、難民などに対する問題意識を持ち、解決しようと動きます。

この本の企画のプロデューサーであるコルクの佐渡島庸平さんは、「凝縮性」が第一因子です。彼には漫画に関して明確なビジョンがあります。漫画はサブカルチャーではなく、文学としての地位を獲得すべきと考え、「漫画でノーベル文学賞」をもくろんでいます。

「面白いことをしたい」のが「拡散性」

「拡散性」の高い人は、基本的に「面白いことをしたい」という気持ちが強く、自分の興味で動きます。「ワクワクしたい」という気持ちが、その人を突き動かすのです。最初は自分軸ですが、「誰もなし得ないことを実現したい」「オンリーワンでありたい」と動いていくうちに、他人軸へと変わっていきます。

例えば、ある社会問題に対して、「困っている人がいるのに、誰も救わないの？」と疑問に思えば、「私が救いたい」と考えます。そして、課題解決を成し遂げた場面を思い浮かべてワクワクするのです。そのため、周囲から見ると「すごいことを考えるんだな」と思うようなことを平気で語れるのです。本人に気負いはまったくありません。

私の後輩の教え子で「拡散性」が第一因子の西側愛弓さん（25歳の女性）がいます。彼女は、学生時代に旅行で訪れたフィリピンで貧困層の子どもたちを見て、「彼女たちに夢を持ってもらうために何かしたい」と強く思ったと言います。そこで、子どもたちのためのファッションショーを企画・実施しました。

さらに、「単発のイベントでは本質的な解決にはならない」と考え、継続的な取り組みにするため、会社を辞めて単身でフィリピンに乗り込んだのです。現在は、ファッションスクールの設立のための準備にまい進しています。

実は、彼女は、英語をほとんど話せません。しかし、彼女が夢を実現するうえで、そんなことは障壁にならなかったようです。

現実的な「保全性」、効率よく目標達成したい「弁別性」

少しずつ積み上げて成功実感を持つことに喜びを感じる「保全性」の高い人の夢は、かなり現実的な発想から生まれます。「お金持ちになりたい」「楽になりたい」です。そのため「楽にお金を稼ぐこと」を目標に据えます。お金がある程度手に入ってからは、世の中で理想とされているような姿を夢として描くことが多いようです。例えば、「高級マンションに住む」とか、「子供をお受験させる」とか。周囲の目をついつい意識してしまうようです。もちろん、壮大な夢を持つ人もいますが、最初からではなく、積み上げた結果、夢が大きくなっていくようです。

合理的な考え方で生きている「弁別性」の高い人は、「夢の中身は何でもいいから、無駄なく最短距離で達成したい」と思っています。夢というよりも、目標と言ったほうがいいかもしれません。設定したゴールに「いかに合理的なルートで到達するのか」に、生きていく上での重きを置くのです。

「誰かのため」に人生を懸けられるのが「受容性」

さて、いよいよ本題、日本人の約64%を占める「受容性」の高い人です。

「凝縮性」が高い人のようなこだわりの強さは持ち合わせていません。また、「拡散性」の高い人のように、湧き上がる興味から突き進むことも少ないでしょう。その代わり、「人の喜びが自分の喜び」と感じる性質ですから、身近な誰かのために人生を懸けることができます。これは「受容性」の大きな強みです。

ムッタは「誰かのため」に動くことがよくあります。子どもの頃、友達とケンカになった時、「強い奴は手を出すな」とヒビトを制して自ら立ち向かい、ボコボコにされました。自分のほうが弱いのに、弟を守ろうとしたのです。

また、前職の自動車会社をクビになったのも、ヒビトのことを悪く言った上司に頭突きをくらわせたことが原因でした。ケンカも上司への反撃も、「ヒビトのため」なのです。

そんなムッタが「自分の夢」にしたのは、幼少期から親交のあった天文学者、金子シャロンのために月面に望遠鏡を設置することだったのです。

……
あのな日々人
お前は手ェ出すなよ強《っ》えーんだから
ムカツク奴が現れたら
かわりに俺が
〝頭〟出してやる
ザ
ザッ

6巻　#54「ドーハのきせき」

シャロンは、亡き夫の天文学者、金子進一博士が発見し、「シャロン」と名づけた小惑星の姿を見るために、そしてもっと遠くの星を見つけるために、月面に望遠鏡をつくる夢をムッタたち兄弟に語っていました。

月に行きたいのは、誰のため?

幼い頃のムッタは、シャロンのために「月に行きたい」と思うようになったのです。大人になったムッタは、一度は宇宙飛行士になることを諦めるなど紆余曲折を経験し、シャロンとの約束を忘れていました。

宇宙飛行士の選抜試験に合格した後、シャロンの月面望遠鏡の計画が実現に向けて動き出したことを聞き、子どもの頃の約束を思い出します。しかも、シャロンは難病のALS(筋萎縮性側索硬化症)を発症し、残された命の時間が限られていました。自分はシャロンのために宇宙に行く。ムッタは改めて誓うのです。

この後、月を目指すムッタの前にはいくつもの壁が立ちはだかります。

それでもムッタは決して諦めず、果敢に挑戦し続けました。「シャロンのために月に行く」と決めたことが、ムッタの中でぶれない芯になり、ムッタを突き動かしていったのです。

シャロンが
夢見る
月面望遠鏡は
それまでの
宇宙望遠鏡よりも
遥かに遠い
深宇宙を見る
ことができる
きっと世界の
天文学は
大きく飛躍し
新たな知見を
拡大するはずだ
だけど……
シャロンには
きっと
パラ パラ パラ
もっと
ささやかな
願いが……
ねえ見て見て
ムッタ!
ヒビト!
これがウチの
旦那が発見した
小惑星よ
その名も
「シャロン」
!
へえ〜〜〜
いいな———!
どれ?

これ？
小っちぇ〜〜っ
小っちぇ！
パシッ
てっ
そう！小さくて全然見えないでしょう？
だからいつかね……
この星の姿が大きく見えるように
月面に望遠鏡をつくりたいのよね
どんな星かな

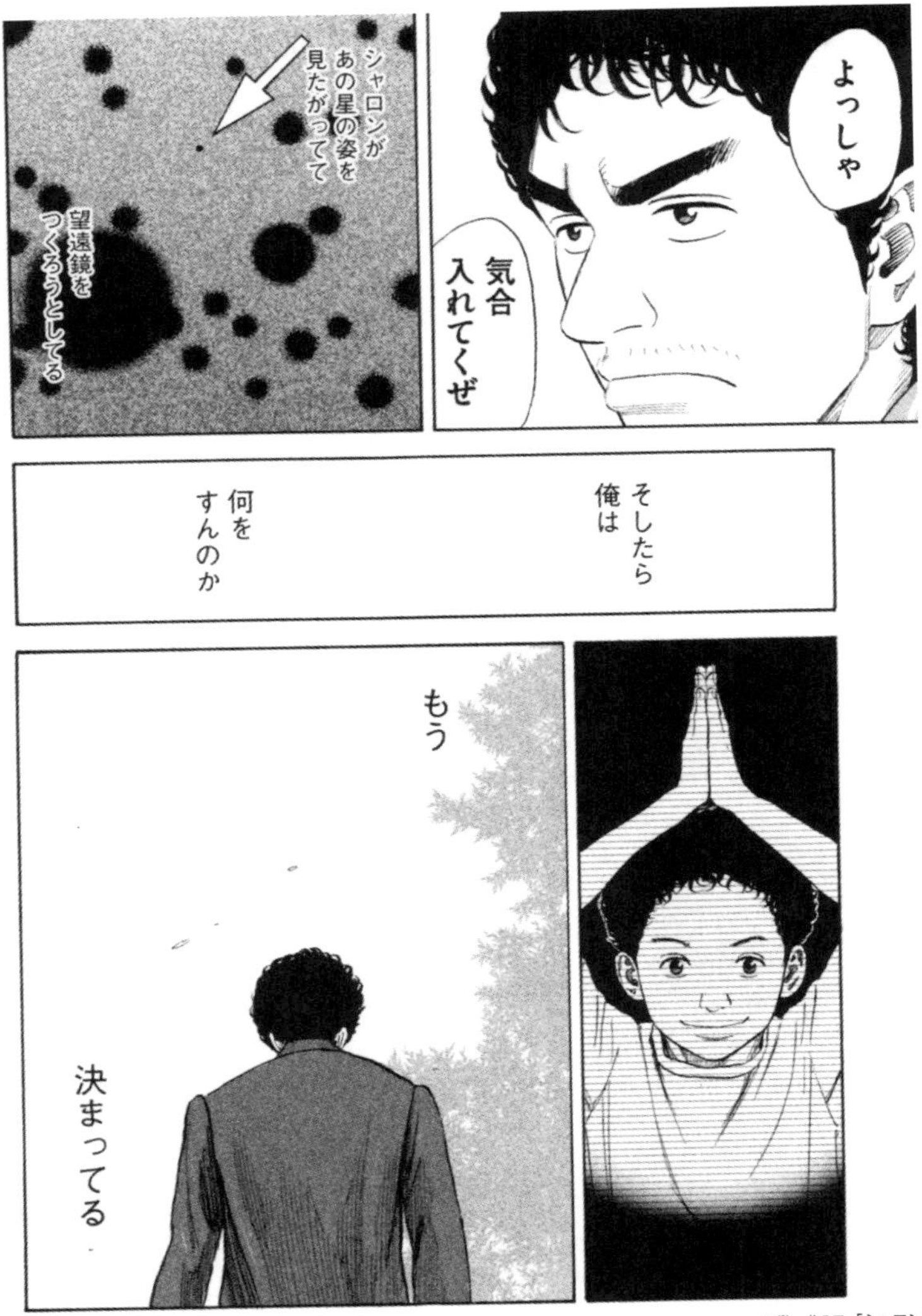
よっしゃ
気合入れてくぜ
シャロンがあの星の姿を見たがってて
望遠鏡をつくろうとしてる
そしたら俺は
何をすんのか
もう
決まってる

9巻 #87「シャロン」

誰かの夢を実現することが「夢」になる

自分ではない誰かの夢の実現を「自分の夢」にするところに、「受容性」らしさが表れています。このように、「受容性」の高い人にとって、夢や志は、身近な人との関わりの中で育まれていく傾向が強いのです。

以前、社会人向けに国家資格受験を支援している専門学校の経営者と話をしたことがあります。「資格取得が目的の人」と、その資格を取得して「開業を目的としている人」、さらに「困っている人の役に立ちたい人」という3グループに分けて合格率を調べたところ、最後の「困っている人の役に立ちたい人」たちの合格率が一番高かったそうです。

資格取得はあくまで手段、と認識しているために、「そんなところで立ち止まっていられない」という心理が働くのでしょう。

このことから、「何のため」という目的が明確なほど、行動が推進されることが分かります。また、「困っている人の役に立ちたい」という動機は、「受容性」の高い人を動かす動機になり得るということです。「受容性」の高い人は、「身近にいる人を幸せにしたい」という夢からスタートして、大きく広げていくとよいでしょう。

以前、一緒に仕事をさせていただいたある経営者（「受容性」と「凝縮性」が第一・第俺には——

やるべきことが
ちゃんとあるな

9巻　#88「5人の青レンジャー」

二因子）が「大欲は無欲に通じる」と語っていました。最初は、「自分の子どもの幸せのため」が働く理由でもいいのです。そこから発展させて、「自分の子どもの友達が不幸せだと、自分の子どもも幸せを感じないから、友達の幸せも願う」→「その友達の家族が不幸せだと、友達も不幸せなので、その家族の幸せも願う」→「その家族のご近所が不幸だと、その家族も不幸なので、その友達家族のご近所の幸せも願う」→「その地域の人たちが不幸だと……」というふうに、さらに、さらに、と広げていきます。

「欲」を大きく広げていけば、世界の人々の幸せを願うことになる。その結果、「全ての人の幸せ」を願うことになれば、ある意味で「無欲」に通じる、という教えなのです。

「自分の子どものため」からでいい

「受容性」の高い人は、もし「自分には強い志がない」と感じても、気にする必要はありません。自分軸で動くよりも、「身近な誰かのため」に頑張れることが、「受容性」らしさなのです。「身近な誰かのため」から始まった夢も、その周囲へ広げていけば、多くの人に貢献する仕事ができるはずです。そのレベルまで突き抜けられれば、社会を変える力にもなるでしょう。

まとめ

- 「受容性」の高い人は、「誰かのため」に人生を懸けることができる。
- 「凝縮性」の高い人は、「こうあるべき」の実現を自分の使命と考える。
- 「拡散性」の高い人は、「面白いことをしたい」が夢実現の動機となる。

「受容性」の強み

Five Factors & Stress

「決められない」のは立派な個性であり武器である

決められないのは、「決める」という行為自体が、「受容性」の高い人には強いストレスを生み、その人の個性を殺す行為だからです。「決められない人」が取るべき行動は、無理して決めることではありません。「受容性」の強みを活かし、決めずともチームをゴールに導く最強の方法とは?

決断は、人の希望を叶えたい「受容性」には苦手なことだ

4巻　#38「一番酷い仕打ち」

難しい意思決定をしなければならないときに、つい逃げ出したくなる。「いっそ、ジャンケンで決められたらラクなのに……」そんなふうに感じたことのある人は、FFS理論でいうと、「受容性」と「保全性」の高い人、と言えます。日本人の55%が、このタイプに当てはまります。

ここまで説明したとおり、「受容性」は、「受け容れる力」です。「受容性」の高い人は、人の希望を受け容れ、「周りの人が喜ぶことをしたい」と思っているので、誰かの意見を採用する一方で、誰かの意見を却下することを心苦しく感じます。皆の気持ちをおもんぱかるあまり、1つに決めきれないのは、

「受容性」の高い人によく見られる傾向です。

一方の「保全性」は、「現状を維持しようとする力」です。「保全性」の高い人は、自分の周りを安心できる居心地のいい空間にするために、自分の味方と感じる人との仲間意識を強く持つ傾向があります。それゆえ、仲間との対立関係を好みません。対立が起きるような意思決定は避けたがる傾向があります。

このことから分かるように、「受容性」と「保全性」は、何かを捨てる行為でもある「決断」とは相性がよくない因子です。従って、「受容性・保全性」の高い人が決断力を磨こうとしても、容易なことではありません。

無理に強くなるより「強みで戦う」ほうがいい

自分の強みではないところで戦おうとしても、辛いと感じてしまいます。それよりも、「受容性・保全性」の高い人ならではの、意思決定のやり方で立ち向かうべきではないでしょうか。具体的にどうすればいいのか。『宇宙兄弟』で探してみましょう。

主人公の南波六太（ムッタ）は、「受容性・保全性」が高いタイプと推測されます。つまり、多くの日本人と同じく「決断が苦手」な主人公なのです。これは、『宇宙兄弟』の物語が持つ面白さ、新しさの一つだと思います。

決断が苦手、でも宇宙飛行士を目指すムッタは、様々な試練に直面し、その都度、厳しい選択を迫られます。しかし、スパっと決められる性質でないために、逃げ出したい気持ちになることも多いのです。それでも、自分の個性（特に「受容性」の強み）を活かした意思決定で乗り越えていきます。

ムッタはどのように意思決定を行っていくのでしょうか。「受容性」の特性がプラスに発揮された場面から、「受容性」を活かした意思決定の仕方を探っていきたいと思います。

ムッタは、JAXAの宇宙飛行士選抜試験の3次審査に進みます。5人が1チーム（計3チーム）となって閉鎖環境で2週間の共同生活を送りながら、課題に取り組むという試験です。その様子は、監視カメラを通して審査員に観察されています。

この試験の最大の難関が、「最終日に、全員一致のもと、宇宙飛行士にふさわしい者を5人の中から2人選ぶ」という課題でした。選び方は自由です。

つまり、チームメンバーは、協力し合って課題に取り組む仲間であると同時に、互いにジャッジし合う敵同士になるのです。どんな方法なら全員一致で選べるのか、ムッタたちには非常に難しい意思決定が求められました（ただし、この方法で選ばれた候補者以外にも、JAXAが選ぶ数名も最終面接に残る可能性がある、という条件付きです）。

また、試験期間中、わざとトラブルが仕掛けられて、チームワークが試される場面もありました。トラブル発生のたびに、メンバーは犯人探しをしてしまい、ギスギスした雰囲気が漂います。ムッタがいるA班も例外ではありませんでした。

それでも、ムッタはメンバーを信じ、互いの融和を図ろうと動きました。積極的に人間関係を作っていこうとする行動からも、ムッタの「受容性」の高さが感じられます。メンバー同士の会話が増え、理解が進み、絆が深まっていったのは、ムッタの働きかけが大きかったと言えます。

お互いの弱点を突きあうよりも……

そして、ついに2人を選出する時がやってきます。

話し合いで決めるなら、各メンバーの「弱点」を突く消去法にならざるを得ません。弱点を抱えているメンバーは悩みます。「自分は年齢が高い（宇宙飛行士としての寿命が短い）」「私だけ国際宇宙ステーション（ISS）への搭乗を希望している（ISSは近い将来なくなる）」。また「そこ（メンバーの弱点）を指摘できる非情な決断を求められているのではないか」と、ムッタも悩みます。

他にいいやり方が見つからず、「話し合い」という名の消去法に決まりかけたとき、ムッタが提案したのは、「ジャンケン」でした。

ジャンケンで
決めようか
はあ!?
ふざけてる
ワケじゃ
ねーぞ
マジで
言ってんだ

アホかっ
ありえへん！
却下や
却下！
ここまで来て
何でジャンケン
やねん！
ジャンケン
……
……
南波《なんば》君……
君は…
僕らにも
チャンスを
…？
ザワ ザワ
ジャンケン
か…
……
彼らしいね

いいジャンケンと、ダメなジャンケンがある

こんな大事なことを決めるのに、ジャンケン？　と意表を突かれた方も多いでしょう。我々は、基本的には、ジャンケンを「ダメな意思決定」とみなしています。

意思決定の質を評価するポイントは、意思決定に至るプロセスと、意思決定の内容の実効性です。つまり、議論が尽くされた上で合意に至り、しかもその決定に実効性がある意思決定を、「質が高い意思決定」として評価します。

その点、ジャンケンは、「トコトン議論せず、結論も出せないし、合意点も見いだせていない。時間切れになり、安易な決定方法に逃げた結果」であることがほとんどです。これは、少数意見を切り捨てる多数決にも言えます。ところが、ムッタが提案したジャンケンは、そうではありませんでした。彼はこう考えました。

「この2週間で、それぞれが能力を出し切った。この5人なら、誰が選ばれてもおかしくない。誰もが納得いく決め方がない以上、最も公平な決め方はジャンケンだ」

以前、自動車メーカーのH社には「H時間」と呼ばれるものがある、と聞いたことがあります。

ミーティングの終了時間だけを決めておき、それまでトコトン議論して、時間がきたら

多数決を取るというルールを決めておくのだそうです。安易に多数決という方法に逃げるならば、質の高い意思決定とは言えませんが、この会社のようにトコトン議論した末の多数決ならば、素晴らしい意思決定と言えます。

その証拠に、採択されなかった側も、そこまで議論して相手の意見を覆せなかったことに納得して、決定したことに素直に同意できると言います。そして採択後は、全員が一致団結してすぐに動き出せる。その議論の深さと動き出す素早さを併せて、「H時間」と呼んでいるのです。

ムッタが提案したジャンケンも、トコトンやり切った上でのジャンケンでした。その意味では「質の高い意思決定」と評価できるのです。

正しさより「楽しさ」を好むのが「受容性」

何が正しい方法なのか、ムッタに確信があったわけではありません。むしろ、誰かを切り捨てなければならないと分かっていながら、ムッタはその非情さをどうしても持つことができませんでした。そんなときに思い出したのが、幼い頃から慕う天文学者、金子シャロンの言葉です。

「迷ったときはね 『どっちが正しいか』なんて考えちゃダメよ」

ムッタは、ジャンケン自体を楽しいと思ったわけではありません。「楽しかったこの2週間を、『楽しい5人』のままで終わりたい」。だから、ジャンケンで決めたいと思ったのです。試験が終わった後も、「楽しい仲間でいたい」。そう考えるのは、「受容性」の高さゆえでしょう。

そこで、ジャンケンを推す理由を皆に説明し、その思いは仲間に届きました。全員合意のもと、A班は〝運命のジャンケン〟に臨むのです。

ムッタのやり方は、誰のことも切り捨てず、嫌な思いを残さず、皆がおのずと合意できる状況を作ることでした。その根底にあったのが、メンバー同士の信頼関係と、「皆で過ごした楽しい時間を大切にしたい」という思いです。「受容性」の高い人ならではの、意思決定と言えるのではないでしょうか。

頭で考えなきゃいいのよ
答えはもっと下
ほらムッタ下げて下げて
あなたのことならあなたの胸が知ってるもんよ
……
「どっちが楽しいか」で決めなさい

「ジャンケンを超える公平な方法はない」――って
この5人はまあ…アレだ
みんなジャンケンみたいなもんだ
グーみたいな奴がいて
チョキみたいな奴もいて
パーみたいな奴もいる

誰が一番強いか
答えを知ってる奴いるか？
後悔せーへんな……
くっそ……

5巻 #39「グーとチョキとパー」

点数で決めることが正しいのか？

A班と対照的な決め方をしたのが、溝口大和と真壁ケンジが所属するB班です。溝口は、強いエリート意識を持つ若者です。彼が自らリーダーに名乗りをあげ、点数制を提案しました。毎日の課題の得点をメンバーごとに集計し、その順番で決めようというのです。

溝口が点数制にこだわるのは、「目に見える差が必要」と考えるからです。明確な基準を設け、白黒はっきりさせたがるのは、FFS理論で言うところの「弁別性」の特性です。溝口は「弁別性」の高いタイプだと考えられます。

「弁別性」の持ち味は、合理的な思考です。白黒を付けたがる「弁別性」の特性については20ページをご覧ください。

ただし、溝口の場合は、合理的に考えたい、というよりも、ドライな面が目立ちます。そして彼は、誰よりも負けず嫌いです。勝ちにこだわるのは、「保全性」の特性です。「保全性」の高い人は、組織への所属意識が強く、組織内での身の安泰のためには、他人よりも少しでも高い地位にいたいと思う傾向があります（90ページも参照）。

しかも、溝口はエリート街道を走ってきたので、負けることを知りません。そのため、人の気持ちに寄り添うことができないのです。「勝つことが一番」と強く信じ、「仲良しこよしを求めるのはムダ」という価値観を形成してきたのでしょう。

このこだわりの強さを見る限り、溝口は「凝縮性」も相当に高そうです。「凝縮性」は、「こうであるべき」といった考え方をグッと固めていく力のことです。（凝縮性については19ページを）。

溝口は、場を仕切ろうとするケンジをライバル視して、ケンジの足を引っ張ろうとします。一方のケンジは、点数制を採用したことでチームの雰囲気が冷えていくことに疑問を感じ、メンバーが打ち解け合える方法を見つけようとします。しかし、ケンジに対する溝口のライバル心は一向に収まりません。結局、B班は点数の高い2人を選びます。

ここで、この意思決定の質について考えてみたいと思います。

点数の高さは、一見して「総合力の高さ」を示しているようにも思えますが、実は「課題対応力が高い」ことしか示していません。「テストの点が高い人がリーダーだ」という決め方に似ています。

彼らに与えられた課題は、「全員一致のもと、宇宙飛行士にふさわしい2人を選ぶ」ことです。「宇宙飛行士にふさわしいかどうか」は、点数だけでは測れない要素があるはずです。それを見過ごしてしまう恐れがある点数制は、この場合、「質の高い意思決定」とは言えない、と私たちは考えます。

A班とB班の意思決定を比較すると、意思決定にはリーダーの個性が反映されることが分かると思います。溝口とムッタが各班のリーダーと仮定し、2人の個性の違いに着目すると、溝口は「凝縮性」が高く、ムッタは「受容性」が高いタイプに分類できます。「凝縮性」の高いリーダーは、物事に対してこだわりがあり、価値観も明確なので、自分の信念に沿ってブレずに推進することができます。決断力があります。しかし、こだわりの中身によっては、偏狭さが生まれてしまいます。

溝口は、点数が上位だったために選ばれますが、その後の現役宇宙飛行士による最終面接で、落とされてしまいます。

現役飛行士が候補者を判断する基準は、「目の前のやつと宇宙で生活を送っていけそうか。自分の命をこいつに預けることができるか」でした。チームメンバーにまったく関心を持たなかった溝口は、現役飛行士に「彼はどんな人?」とメンバーについて聞かれても、「知らない」と平然と答えたのです。

一方、ムッタはジャンケンでは負けるのですが、JAXAの審査員による選考で選ばれ、最終面接に進みます。後日、同じチームで最年長メンバーだった福田さん(福田直人)から、「私にもチャンスをくれたことに感謝している」と言葉をかけられます。2人の選出をジャンケンという運任せにしたことで、年齢でハンディを持つ福田さんにも等しくチャンスが与えられたことへの感謝の言葉でした。福田さんは言います。

「こういう人が選ばれるのかもしれない。そんな気がしていたんだよ。おめでとう」

こうしてムッタは、周囲を気遣う「受容性」の強みを生かし、仲間が認めるリーダーへと成長していくのです。

「受容性」の強さは「話を聞くことを厭わない」ところから

以前、学生時代に潰れかけたサークルの代表になり、1年かけて立て直しを実現した「受容性」の高い若者の話を聞きました。

「僕は不器用で、グイグイ引っ張るタイプではないのですが、一人ひとりと話をすることならできると思ってやり抜きました。すると皆がサークルに戻ってきてくれて、存続することができたのです」

その経験から、「自分の強みは人の話を聞き、時間をかけてでもやりたい気持ちにさせて、皆を同じ方向に向かせること」だと理解したようです。「受容性」の高い人が手本とすべき、一つの意思決定のスタイルと言えるでしょう。

「受容性」の高い人の意思決定は、同意に基づきます。全員が同じ気持ちになれば、それを受け容れることで自然と決まります。「何となく決まる」。これでいいのです。皆の気持ちを推し量り、気遣える人なのですから、エイやと決める意思決定は不向きです。一人ひとりの気持ちをくんでしまうために、「ごめんね」と心の中で呟きながら、心を痛めるまで無理する……そんな必要はありません。「決めなくてもいい」のです。

もちろん、だらだらと決定を先延ばしするのでは仕事になりません。自らの強みを活かしながら決断するために「受容性」の高い人が学ぶべきは、同意のプロセス運営です。

同意のプロセスを丁寧に回そう

「受容性」が高く優秀と言われるリーダーは、同意のプロセスをきちんと経て、皆が同じ方向を向くことに注力します。そのプロセスは、非常に丁寧です。

某企業に勤めるHさん。第一因子は「受容性」で、しかも他の因子に比べて突出しています。長年営業部門にいてマネジメントを経験したのち、数年前に人事部門の責任者として異動しました。

Hさんは当時、現場側の立場から「現場を知らずに落とし込む人材育成プランはピントがズレている」と不満を抱いていて、何とか改善したいと考えていました。しかし、人事に関しては素人だったので、自ら外部に出向いたり、本を読んで勉強しつつ、人事部門のベテランには質問をし続けて学びました。

ある程度理解が進んだ時点で、人事部門の若手を交えて、自分が学んだことを皆で共有するための勉強会を開催し、知識レベルを合わせます。その上で、勉強会では現場で発生している課題を一つひとつケースとして議論するのです。もちろん現場で困っている当事者（マネジャー）を呼んで、一人ひとりへの対応法を具体化していきました。疑問が払拭されないマネジャーには、現場まで出かけて一緒になって部下育成を指南したのです。

Hさんは決して、強く指導したり、「決まりだから」と押し付けたり、通達のみのドライな対応をしたりしませんでした。

成功事例が噂となり、現場のマネジャーから人事に相談が来るようになりました。それを一つひとつHさんを中心に人事部員たちは丁寧に対応し続けたのです。現場のマネジャーたちから、人事施策に対する同意を得られたことで、その後、多くの施策がスムーズに動くようになりました。

「受容性」の高い人は、面倒見の良さと丁寧さを武器にしましょう。異論を切り捨てるのではなく、会話を重ね、同意を得るプロセスを回した結果、自然に全員が納得できるプランに昇華できれば、何も切り捨てなくていいので、気持ちもラクです。そして皆から感謝されるのです。

その結果、ｏｎｅ ｔｅａｍとして動ければ、素晴らしい意思決定となります。

『宇宙兄弟』の5巻、ムッタらAチームは、同意のプロセスをしっかり経て、運命のジャンケンに挑みます。その結果は、全員が笑顔で受け容れられるものでした。誰が選ばれたのかは、ぜひ、単行本で読んでくださいね。

まとめ

・「受容性」の高い人は、柔軟で寛容な個性のため1つに決めきれない。
・トコトン議論したうえでの多数決なら、質の高い意思決定といえる。
・同意のプロセスを面倒見良く、丁寧に回そう。

5巻 #40「久しぶりの空」

第 2 章

他者理解
上司を味方につける方法

「拡散・上司」×「保全・部下」

Five Factors & Stress

「無茶振り、丸投げ上司」に出会ってしまった！

外向的な「拡散性」と、内向的な「保全性」。両方とも気質に由来する因子でありながら、正反対の性質を持ちます。それゆえ、「拡散性」の高い上司が「よかれ」と思って行う指導は、「保全性」の高い部下には劇薬そのもの。ただし、正しく服用すれば、部下の飛躍的な成長を促す特効薬になり得ます。

［拡散・上司の指導は、保全・部下の苦手なことばかり］

13巻 #122「車イスのパイロット」

ここからは、『宇宙兄弟』とＦＦＳ理論を使って、自分と上司との関係を見ていきたいと思います。

日本人に多い「受容性」「保全性」の高い人が、５つの因子それぞれが高い上司と仕事をするときに、どんな誤解が生まれやすいかをご紹介していきます。なお、「受容性」が高い上司と部下については、組織のリーダーを扱う3章で手厚く触れています（３０４ページなど）ので、そちらをご覧ください。

最初にご紹介するのは、すぐ「やり方は任せる、自由にやっていいよ」と言い出す上司です。こう言われてどうすればいいか分からず戸惑ったり、不安に感じたりした経験はありませんか。

「ある」と答えた人は、診断の結果が「保全性」が高い、となったのではないでしょうか。「保全性」の高い人は、先の見えない状況では不安を感じるため、細かい指示を欲しがります。「自由にやっていい」という指示は、「雑な指示だ」とか「丸投げされた」などと感じて、上司に対して不満や不信を抱く原因になることもあります。

一方、「自由にやっていいよ」という指示を出しがちなのは、「拡散性」の高い上司です。もちろん、部下に嫌がらせをするためにこのような指示を出すわけではありません。「拡散性」の高い上司は、自分が文字通り「自由にやりたい」タイプなので、部下に対してもよかれと思ってそういう指示を出しています。それが結果的に、「保全性」の高い部下に対してストレスを与えているのです。

個性が違えば、その人がストレスに感じる原因も違います。日本の社会で多数派の「受容・保全」タイプにとって、異質な上司として巡り会う確率が一番高いのが、「拡散性」の高い上司です。お互いの個性をよく知らないことによるすれ違いが、「拡散性」の高い上司と「保全性」の高い部下の間で頻繁に起きています。

こうした誤解やトラブルを避ける最善の方法は、相手のタイプをよく理解することに尽きます。そのうえで、「保全・部下」は「拡散・上司」からどのように学べばよいのかを考えていきましょう。

「拡散・上司」がまるっと投げてくるワケ

そもそも、「拡散・上司」の指示が、「保全・部下」に不満や不安を抱かせる理由は何でしょうか。それは、両者における学習スタイルの違いです。

一般的に学習スタイルは、未就学段階から小学生低学年にかけて築かれていきます。この頃の子どもの個性は、5つの因子の特性がすべて備わっているわけではなく、気質に由来する因子（「拡散性」と「保全性」）が主だと言われています。従って学習スタイルは、この2つの因子と強い関連性があります。

「拡散性」の高い人の学習スタイルは、興味あることに対して、準備することなく、まずやってみます。「上手くいった」「いかなかった」などの体験を繰り返しながら、「あっ、なるほど。こういうことか」と、一つの概念に到達する学び方です。

一つのやり方が成功したとしても、そこに「真理に触れた」という手応えを見出せなければ、「同じことはしたくない」ので、まったく関連のない方法へと移っていきます。脈略がなくても、本人にとっては問題ではありません。「なんとなく興味を感じた」という理由だけで、別の体験を求めていく。それが「拡散性」の高い人の学び方です。「気分屋」「雑な奴」に見えることもあります。

事前に学習・体系化したい「保全性」

一方、「保全性」の高い人の学習スタイルは、興味を持ったことに対して、準備しながら、少しずつ体験を増やしていきます。できることを一つひとつ確認して、成功実感を味わいながら、周辺情報の収集と蓄積を繰り返し、成功パターンを作り上げていくのです。

一度成功すると、そのパターンを磨き上げてどんどんブラッシュアップしていきます。周辺情報を抜け漏れなく網羅することで、より精度を高めるのも得意。「引き出しが多い」と評価される人の学び方です。

この2つの学習スタイルを「集合の概念」で説明するなら、概念を求める拡散性が高い人の学び方は「最大公約数」（複数の円が重なる中央部分）を求める学び方で、体系を求める保全性が高い人は「最小公倍数」（すべてを網羅した全体）を求める学び方と言えます。

概念化型の学び（拡散性）と、体系化型の学び（保全性）。どちらの学びが優秀な人を育てるか？　と問われれば、どちらも究めれば同じように効果的です。

ただし、究めるために重要なポイントは、それぞれ異なります。拡散性には「体験の質」が重要であり、保全性には「勉強の仕方」が鍵となります。

拡散性の「体験の質」について言えば、例えばアルバイトやサークルで同じような体験をしたとしても、「これは効率が悪いから、少し変えてみよう」と仮説・検証をする人と、単に「面白かった」とか「つまらなかった」と気分だけに浸る人では、体験の質が異なります。仮説・検証の有無が、結果的に「体験の質」を変えていくのです。ちなみに体験には、読書や映画も含まれます。作品の世界観から何を学ぶのか、が重要です。

また、保全性の「勉強の仕方」は、例えば「辞書の引き方」に差が出ます。昔の紙の辞書でいえば、調べた箇所の前後には、必ず形容詞・動詞の展開や、語源が表記されていました。語源にまでさかのぼって調べることで、語彙の知識が体系化されやすくなります。それが「勉強の質」につながります。

すぐに〝ググる〟こと自体は悪くありませんが、それで完結して「分かったこと」になってしまうのが問題です。ネットで〝ググる〟場合でも、関連情報もついでに調べるなど、知識の体系化を意識するとよいでしょう。

このように、「拡散性」の高い人と「保全性」の高い人では、学習スタイルがまったく異なります。「拡散・上司」と「保全・部下」の問題に話を戻すと、「拡散・上司」は「体験重視の学び方が当たり前」と思っているため、部下に対して「自由にやればいいよ」と体験を促すような指示をするわけです。一つずつ体系立てて学びたい「保全・部下」には、それが、階段を飛ばしてジャンプさせられるように思えて、ストレスを感じるのです。

これに関連して、後天的に備わる他の因子が学びにどう影響をするのかについても説明しておきましょう。

自分なりの価値観やこだわりを持つ「凝縮性」の高い人は、「権威に学ぶ」傾向があります。つまり、自分が尊敬できる相手や書物から学びます。そして一度「これ」と決めたら、そこに絶対的価値を置くのです。

白黒はっきりと分けたがる「弁別性」の高い人は、学ぶことにも理由や証拠を求めます。説明できる理論背景やエビデンスをもとに理解しようとします。データや理論に基づかない話は切り捨てます。

「受容性」の因子は、「すべてを受け容れよう」とする力を促すため、学習スタイルには特に影響を与えないようです。

デニールの指導法は「いきなりアクロバット飛行」

『宇宙兄弟』で、「保全・部下」と「拡散・上司」の関係に相当する2人は……いました。南波六太（ムッタ）と、ムッタの宇宙飛行士候補生（アスキャン）時代に飛行機の操縦を指導したデニール・ヤングです。

デニールは、教官でありながら型にはまらず、いつも自由な存在です。

同乗パイロットが「死ぬかと思った」と辟易するくらいのアクロバット飛行をするため、周囲からの評価は〝最低〟ですが、本人はまったく気にしていません。本人は「超一流のパイロット」という自負があります。これらから推して、デニールは、「拡散性」の高い人物です。「拡散性」の動機は興味ですから、興味が続く限りは対象にのめり込みます。「オンリーワン」の発想で究めていくために、自然と「超がつく一流」を目指すことになります。それが周囲からは自信過剰に見えるかもしれません。

デニールとムッタのエピソードを参考にして、「拡散・上司」と「保全・部下」にありがちなすれ違いや誤解、さらに「保全・部下」は「拡散・上司」からどのように学べばいいのかを探っていきましょう。

デニールによるフライト訓練初日。ムッタはいきなりブラックアウト（失神状態）を防ぐためのGスーツを着せられます。

「こんな大袈裟なものを最初から着るのか？」と怪訝そうなムッタに、「最初から着る奴は限られている。ヒビトも着たぞ」とデニール。先に宇宙飛行士になった弟へのライバル心を刺激して、こう言うのです。

「ワシについてこれるなら他の奴の1・5倍速く仕上げてやる」

そして初フライト。ムッタの嫌な予感は的中します。

ぐう――――!!
ん〜〜〜〜〜〜〜!!
この……っ
クソじじい……!!
ギュオオオオオ
ウハハハ――!!

ジャアアアア
ジャアアア
オエエエッ
レロレロ
ブエエエ!!
ぷっ
ハァ
ハァ
ハァ
チクショ――…!
いきなりアクロバット飛行始めやがって…!
まだ目がグワングワン回ってるぜ うえ〜〜っ
いいかムッタ…

「初めてワシと同乗した奴は」
「必ず吐く」
ウハハッ
〝頭のノート〟にメモっとけ
そーいうことは先に言ってくれよ
ハァ
ハァ
のっけからこれじゃもたねーよ…
おっ？弱音か？
ウフフッ
今日はもうやめてもいいぞ？
………
ちなみにヒビトは吐いた後
うれしそーな顔しながら
「もっかい乗せろ」と言ってきたぞ

13巻 #123「二つのノート」

いきなり6・5Gのスピードでぶっ飛ばすデニール。容赦がありません。思い切り難易度を上げたところから始めて、「これができれば一般的なレベルのことは簡単じゃないか」と思わせる体験のさせ方なのです。先にデニールの指導を受けたヒビト曰く「訓練初期からやたらと負荷をかけてくるのがデニール流」。マルチタスク能力を鍛えるために、飛行中にどうでもいい話題やクイズをひっきりなしに仕掛けてくる。訓練で使う飛行機も、わざと扱いにくいデニール仕様に改造してある、などなど。

このデニールの指導法は、ムッタには相当きつかったはずです。「保全性」の高いムッタの学び方は、デニールとは真逆の体系化型です。難しいことから取り組むよりも、簡単なことから始めて、一歩一歩階段を上がるように自信をつけながら、難易度を上げていく。ムッタが好むのはそういうやり方です。

職場に置き換えてみると、「保全・部下」に対して「自由にやっていいよ」と指示するのも、これくらい〝乱暴〟な指示だと受け取られる可能性があるのです。ですから、もしあなたが「拡散性」の高い人ならば、入社1年目の新人に対してはこのやり方はおすすめしません。「保全性」が高そうならなおさらです。ストレスから潰れてしまうおそれがあります。

そうならないためにも、初めの1年間の育成は、「保全性」の高い新人には「保全性」の高い上司や先輩、「拡散性」の高い新人には「拡散性」の高い上司や先輩のように「同質のトレーナー」が教えるのがよいでしょう（ブラザー制度、メンター制度）。これは93ページでも説明したとおりです。上司と部下の学習スタイルが同じなら、上司の育て方に部下がストレスを感じる事態を避けることができます。

保全性が高い部下の指導は「安心」から

もし、「拡散・上司」が「保全・部下」を指導することになったら、次の点に注意してください。

まず、部下を不安にさせないために、ステップごとに「何をするか」「どれくらいかかるか」を示す必要があります。先を見通せる状態にしておくことで、部下を安心させます。また、部下が不安で立ち止まったとき、急かすのではなく、もう一度本人が「大丈夫」と自信が持てるまで徹底的に同じことを繰り返し体験させるとよいでしょう。そして、少しずつ難易度を上げていき、スピードも早くしていきます。負荷を与えないのではなく、少しずつ与えることが重要です。

ただし、2年目からは、異質なタイプによる指導が部下の成長には必要です。1年間の学びを否定せずに、幅を広げることができるからです。「こんなに違う考え方や切り口があるんだ」と気づくことは、学びにつながります。

修羅場の乗り越え方を教わるチャンス

「拡散・上司」と「保全・部下」の組み合わせは、「保全性」が高く慎重な部下にとって「修羅場」を経験する絶好のチャンスです。デニールの指導を受けたムッタのように、自分ではまずやらない、やるはずのない無茶を「やらされる」からです。その修羅場体験を乗り越えることで一皮むけ、成長していきます。

ヒビトも、デニールの指導をこう振り返っています。

「デニール化してからが楽しいんだ」

「デニール化」とは何でしょう。ムッタは最初の頃、デニールの無理難題に翻弄されて、心身ともにヘトヘトでした。ところが、必死に食らいつくうちに非常識な状態にも慣れていき、「デニール化」した頃からは、「保全性」の強みを発揮していきます。

それは何かと言えば、飛行訓練の終了後、その日のフライトを、格納庫内で飛行機に乗り、シミュレーションしながら振り返るのです。何度も繰り返して振り返りながら、できたことを確認していきます。その積み上げによって、少しずつ不安のない状態をつくり、余裕を取り戻していくのです。

このムッタのエピソードには、「保全・部下」が「拡散・上司」を利用し、潰されずに成長するためのヒントがあります。「予習・復習」、つまり「準備」と「繰り返し」の徹底の重要性です。

「保全性」の高い人は、知識や経験の体系化によって、ある程度の見通しをつけることが得意です。そのスキルを活かし、上司の動きや仕事の展開など少し先の動きを予測し、先回りして準備しておくわけです。

そうすれば、上司から突然の指示が降ってきても、「やっと来たか」と余裕を持って取り組めます。そして、振り返る際に「予測との誤差を検証」すれば、より学びは深くなり、体系化が促進されます。

つまり、「拡散性」の高い上司が発散しまくる無茶振りすらも、上司も気づいていない独自のルールを見つけ出して体系化し、どんな無茶振りにも対応できるよう準備することで、知識と経験を猛スピードで積み上げていく。これこそ「保全・部下」が成長するまたとない方法です。

「保全・部下」にとって、「拡散・上司」との出会いは一皮むけるチャンス。とはいえ、指示が大雑把すぎて、無責任と思えるかもしれません。しかし、上司は上司で、部下の成長を考えてそのような指示を出しています。「保全・部下」には気づきにくい上司の胸の内を、デニールを通して見てみましょう。

空に
ハートマーク
でも描けりゃ
ひとまず
一人前だ
ヤンじいはそう
一流一流って
言うけどさ
俺は宇宙
飛行士に
なろうと
しているわけで
一流の
パイロットに
までなる
必要はないと
思うんだよな
空にハート
描いたりとか
ウハハッ
んなことは
わかってるぜ！
ワシはな
ムッタ…
お前に〝一流の
宇宙飛行士〟に
なってもらいたいと
思ってるんだ
え…っ
……

しかしワシには一流の宇宙飛行士になる方法などわからんし
教え方も知らん
だが……
一流のパイロットになる方法なら
教えられる
やれるとこまでやって
何か見つけろよムッタ

13巻 #125「一流のパイロット」

「拡散・上司」なりの優しさがある

デニールはなぜ、飛行機パイロットになるわけでもないムッタに、超難度の訓練を課すのでしょうか。そこにはデニール流の「優しさ」がありました。

ムッタに一流の宇宙飛行士になって欲しい。その一念なのです。しかし、デニール自身は宇宙飛行士ではありません。「どーせやるなら、その道の一流を目指そうぜ」。彼にできる最大のことは、ムッタを一流のパイロットに導くことだったのです。

デニールの口癖に、「〝心のノート〟にメモっとけ」があります。それとは別に、「〝頭のノート〟にメモっとけ」という台詞もあります。「頭のノート」は「知識として記憶しておけ」という意味でしょうし、「心のノート」と言うときは、「言葉ではなく、心にイメージとして留めておけ（記憶するな）」ということでしょう。「拡散性」の高いデニールの個性からすれば、心のノートは「概念的な話なんだ」というメッセージに感じました。

デニールにはもう一つ、教官として秘めた思いがありました。デニールはいつも訓練前に、事故で殉職したパイロットたちの写真に敬礼することを日課にしていました。殉職パイロットの多くは、空間識失調や単純な操作ミスによる事故で亡くなっていたのです。その中には、訓練中に亡くなったアスキャンも含まれていました。

自分がアスキャンを育てる以上、宇宙に行く前の訓練で死なせるわけにはいかない。だからこそ、飛行機操縦でパニックに陥らない方法を「自ら会得させる」ために、早い段階から訓練に負荷をかける必要がある、とデニールは考えたのです。「拡散・上司」が部下に大雑把な指示しかしないのも、同じ理由ではないでしょうか。細かく指示しないのは、「自律を促す」という意味では効果的な教え方です。「拡散・上司」の親心なのです。

デニールはまた、情に厚い人だと思います。「拡散性」という因子は、「保全性」と同様、「好き／嫌い」「興味ある／興味なし」が判断軸となる情動の因子です。人に対しても「気に入るか、気に入らないか」で判断します。「拡散性」の高い人の場合、「自分を慕ってくる奴」を気に入り、可愛がる傾向があります。従って、限定的な相手に対してだけ情に厚い、とも言えます。師弟関係における「師匠」のような存在、と見立てると分かりやすいかもしれません。師匠は、弟子に一から十まで手取り足取り教えたりはしません。昔ながらの表現をすれば、「背中で教える」です。料理人や大工の世界では、師匠の背中を見て学ぶ習慣がまだ残っている職場も多いでしょう。

さて、68歳を迎えたデニールにとっては、ムッタが最後の〝弟子〟でした。デニールが引退する日、最終フライトで、デニールはムッタにこんなことを頼みます。

なあ
ムッタ
最後に……
頼みがある
このラスト
フライト……
離陸から
着陸まで
全部お前が
やってくれ
えっ…!?
でも
それってさ…
一度で
いいから
やってみた
かったんだ
教え子が
操縦する
マックス号で
ワシは
操縦桿《そうじゅうかん》も
一切握らず
ハンモックに
ゆられる
みてえに
余裕の
フライトを
楽しむ

他の
アスキャンで
離着陸まで
任されてる
奴はいない
この意味
わかるな
お？
お前は
ワシが
育てたんだ
自信をもって
この身を
ゆだねられる
NASA
「規則違反に
なるだろ」と
戸惑いつつも
オオオオ
私はこの
ヤンじいの
頼みを
受け入れた

ギュオォォォ
ヤンじいはこの年まで十分やってきたんだ
最後くらい
楽《らく》したっていいよな
ウヒョ〜〜〜〜!
いいテイクオフだムッタ!ウハハッ
ん〜〜〜 こりゃあくつろげるな!
ホットドッグもってくりゃよかった!

禅の世界には、「不立文字《ふりゅうもんじ》 教外別伝《きょうげべつでん》」の教えがあります。かなり簡単に説明すると「言葉では教えられないことを、心から心へと伝えていく」ということです。

デニールは、離陸から着陸まですべてをムッタに任せたいと言います。規則違反であることは承知の上です。そして、任せる以上は、口を出さない。そうした「覚悟」もデニールは持ち合わせています。これが師匠に求められる「潔さ」です。「丸投げ」とはまったくの別物であることが理解できるのではないでしょうか。

「拡散・上司」のことをよく知れば、これまで理解に苦しんだ上司の言動にも、上司なりの意図や優しさを感じられるでしょう。少なくとも、「保全性」の高い人とは思考行動パターンが違うことに気づけば、上司への見方が変わるきっかけになるはずです。そして、自分が成長するための手がかりにも。

苦手な部分もはっきりしている

最後に、「拡散・上司」を持った「保全・部下」へのアドバイスです。上司からかなり無茶振りされて、辟易することがあるでしょう。平気でこちらの防波堤を乗り越えてくる無頓着な上司と思うこともあるでしょう。一緒にいると不安になる上司でもあるでしょう。

しかし、少し冷静に観察してみてください。自分にはない発想やアイデアを持っていて、楽しい、面白いと感じるところもあるはずです。ムッタが「デニール化」したように、その楽しさに〝味を占める〟と、「受容性」や「保全性」タイプの上司には物足りなさを感じるかもしれません。

もうひとつ。「拡散・上司」は、それくらいユニークな存在なのです。「拡散・上司」は新しい方向性を打ち出すことには長けていますが、細かな詰めや、日常的な運用は苦手です。一方、「保全・部下」は細かな詰めや運用が得意です。自分の得意領域で上司をサポートすれば、上司は喜んで部下に任せるでしょうから、上司は「成長の機会を与えてくれる存在」へと変わっていきます。

まずは、「拡散性」の高い上司の個性を理解し、ここで書いたアドバイスを参考にして、上手く付き合っていきましょう。「拡散・上司」はあなたのよき師匠になってくれるはずです。案外、「君がいてくれて良かった」なんて、言われてしまうかもしれません。

まとめ

・「拡散性」は体験から学び、「保全性」は知識を体系化しながら学ぶ。
・「拡散・上司」が自分のやり方で指導すると、部下を潰すリスクがある。
・「保全・部下」は体系化を活かして、上司の無茶振りを成長の糧に変えよう。

13巻 #128「ラストヤング」

「保全・上司」×「拡散・部下」

Five Factors & Stress

もし「興味ないんで」としれっと言い放たれたら

部下が思うように動いてくれない――。これは、「拡散性」の高い部下に対して、「保全性」の高い上司が抱く悩みの代表的なものです。では、部下はなぜ動かないのでしょうか。それは部下の「やる気スイッチ」どころか、「やる気なくなるスイッチ」を無意識のうちに押しているからです。

［「拡散性」の高い、ヒビトのような部下は自由気まま］

7巻表紙より

「この仕事、興味ありません」と平気で言う部下を、どう育てればいいかわからない――。そんな相談を受けることが（本当に）あるのです。「好き」「嫌い」で世の中が回れば何も問題はないのですが、「嫌いでもしなければならない仕事」や、「役割として担ってほしい仕事」もあります。また、上司は部下に対して「仕事を覚えてほしい」という思いもあり、「事前にこの資料、読んでおいてね」と伝えることもあります。ところが「私、勉強嫌いなので」とか、「本読むと頭痛くなるんです」などと平気で答える部下も（これまた、本当に）います。

反抗しているわけではなく、悪気がない、といいますか、本当にそれが通ると心から思っている様子です。さて、この部下をどうやって育てましょうか？

「興味がない」「勉強嫌いで」と言い出すのは「拡散性」が高い人が示す典型的な反応です。先に「上司としての『拡散性が高い人』」の特徴を紹介しましたが、「受容・保全」タイプが多数派の日本の社会において、「自分とは異質」「理解できない」部下として現れる可能性が一番高いのが「受容・拡散」タイプと言えます。

この章では、因子別にそれぞれの上司の個性やそこからくる振る舞いを見ていきますが、ここでは逆の立場から見ることにして、「保全性の高い上司」が「拡散性の高い部下」をどう理解し、導くべきかを、『宇宙兄弟』を通して考えてみましょう。

ヒビトの勉強スイッチが突然入ったワケは？

南波六太（ムッタ）と、弟の南波日々人（ヒビト）。ここでも学習スタイルの違いに着目していきます。ムッタより先に宇宙飛行士になったヒビトは、実は子どもの頃、まったく勉強のできないヤツでした。宇宙飛行士を目指すきっかけを与えた「シャロンおばちゃん」から英語を教えてもらっても、まったく覚えられません。

ところが、中学生になると別人のように勉強に没頭し、「突然、私よりも成績が良くなった」とムッタは回想しています。

でも、これって本当に「突然」だったのでしょうか？

せっかくシャロン
おばちゃんに
英語教わって
るんだから
ちゃんとやろーぜ
こんな点じゃ
おばちゃん
泣くぞ
あい……
私の弟は
昔——
to
4
applu
telehon
telebijon
勉強なんて
全くできない
奴だった
シャカ シャカ シャカ シャカ シャカ シャカ
ゴシュゴシュ ゴシュゴシュ ゴシュゴシュ
あの頃は
勉強という
勉強は
すべて私が
教える日々
だった

だから日々人が中学で別人のようにグングン成績が良くなっていったとき――
私が勉強を教えてやったおかげだと思った
だけどどうも
そうじゃなかった
…………
ペラ
突然日々人は
私よりも成績が良くなった

2巻 #9「足りない日々」

学習スタイルは、ムッタとヒビト、この兄弟の間でもまったく違います。「とりあえずやる」という体験から入るヒビトのアプローチは、先にも触れたように、「拡散性」の高い人によく見られる傾向です。今回は「拡散性」の高い人の学び方に焦点を当てて、彼らの「やる気スイッチ」はどこにあるのかを探っていきたいと思います。

失敗は気にしない帰納法アプローチ

「拡散性」の高い人の学習スタイルを改めて押さえておくと、「拡散性」の高い人は、失敗することを厭わないので、まずやってみます。失敗しても気にしません。またすぐにやります。そしてうまくいっても、同じことは繰り返したくないので、次は違うやり方で成功させようとします。

何度かやるうちに、「なるほど、こんなことか」と物事の全体像を概念的に理解していきます。つまり、一つひとつを正解と照らし合わせて確認し、絶対的な結論に導こうとする演繹法的なアプローチではなく、仮説・検証を繰り返す帰納法的なアプローチです。

概念的な理解を好むので、「細かいこと」はつまらなく感じます。特に、小学校低学年クラスの授業で取り組むテーマや課題に対しては、「こんな小さなことはどうでもいいんじゃないの」と思いがち。また、「答えがある質問」もつまらないので、「なんで答えは1

つなの？」と疑問を持ち出したりします。

ですから、5＋3＝□のように答えが1つだけの算数ドリルは退屈で仕方ありません。それよりも、□○□＝8のように、結果が「8」になる数式をどれだけ生み出せるかの穴埋め問題に興味をそそられます。「＋－×÷」に留まらず、√やΣに展開してもOK。その結果、数学の飛び級まで行くこともあるのが「拡散性」の高い人の学び方です。

興味を持てないことに関しては、勉強しない。それで答えを間違えても、周囲の評価に無頓着なので、気にしません。子どもの頃のヒビトが「勉強嫌い」に見えたのも、そういうことでしょう。

マニュアルを読むのは好きじゃないヒビト

「とりあえずやる」という「拡散性」の特性がよく表れている『宇宙兄弟』のシーンがあります。宇宙飛行士になったヒビトが、月面に宇宙基地を造るためのミッションクルーに選ばれ、月に飛び立つ直前のことです。月面で使う重機の操作を覚えるため、クルー全員で操作マニュアルを読もうとしていたところ、ヒビトはマニュアル本をパタンと閉じて、「やった方が早い」とすぐに動き出したのです。事前にマニュアルや手順書を読んで準備するよりも、「とりあえずやろう」と動く。これがヒビトなのです。

5巻 #46「芝刈り男と砂掛け男」

では、勉強嫌いのヒビトは、なぜ勉強ができるようになったのでしょうか。「拡散性」の高い人は、取り組むべき課題が複雑になってきたり、答えのない課題に直面したりすると、がぜん興味を示すようになります。面白いから時間も忘れて没頭します。ただし、「努力している」と思われたくないので、他人に隠れて練習して、表では涼しい顔を装うのです。「宇宙飛行士になる」というヒビトの夢は、簡単に手が届くものではありませんでした。だからこそ、彼の興味が尽きることがなかったのです。ヒビトが中学生になった頃から、「もっと早く宇宙に行きたい」と勉強に加速がついたのでしょう。

ムッタはしっかり資料を読むタイプ

一方、我らが主人公ムッタは「保全性」が高いタイプ。このタイプの学習スタイルは、「拡散性」が高いタイプとは対照的です。

事前に資料を読み込んでから、全体像を把握したうえで、一つひとつ慎重かつ確実に積み上げていこうとします（「保全性」が高いタイプの特徴、弱点、戦い方は74ページ参照）。積み上げ型のムッタが、興味のおもむくまま勉強に没頭するヒビトを見て、「突然成績が良くなった」と感じるのも仕方ないのです。ムッタはまた、少年時代のヒビトのことを「頭のネジが一本足りない」と語っています。

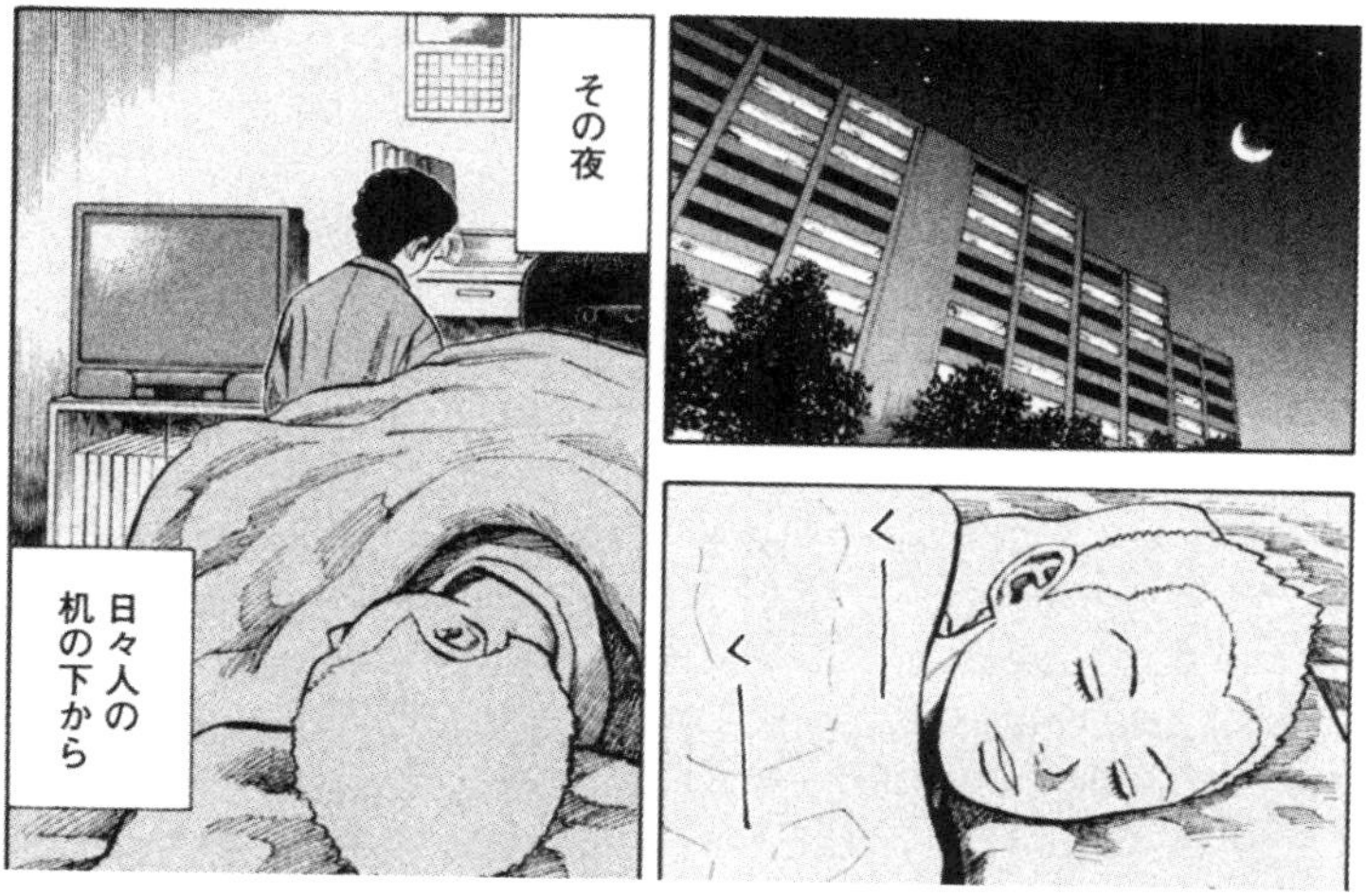

それを象徴する出来事がありました。
ムッタの誕生日、ヒビトは「ＵＦＯが撮れた！」と、ＵＦＯの映像をプレゼントします。少し前にムッタはＵＦＯを目撃しているのですが、「本当に見たというのなら、証拠を見せろ」と、友達にいじめられていました。そこで、ムッタが彼らを見返すためにヒビトが動画を用意したのです。兄思いのかわいい弟なのです。
ところが、映像を見てみると、ニセモノであることがバレバレでした。しかもヒビトの机の下からは、手作りＵＦＯとそれをつるす釣りざおまで出てきました。
「誰もニセモノだとは思わないだろう」。本気でそう思い込めるほど抜けている——。ムッタはヒビトのことをそう思っていたのです。

釣り竿に
つながれた
手作り
UFOを
発見した
ぷ……っ
マメ電球……
チカッ
チカッ
何やってんだよ
バカな画《え》が
想像できるぞ
日々人は
どっか
抜けている
「この映像を
見ても」
「自分以外は
糸に気付かない
だろう」と
素で思い
込めるほど
抜けている
2006年10月28日
ドーハのきせき
さつえい 南波日々人

6巻　#54「ドーハのきせき」

「抜けている」ように見えることも、「拡散性」が高いタイプの特徴の一つです。「拡散性」の高い人は一点に集中しやすく、枝葉末節は気にならないというか、見えなくなります。また、興味の対象がピンポイントになると、突拍子もない行動に走ることもあります。それが周囲からは「こんなことになぜ気が回らないのか」と、抜けているように見えるのです。

個性のすれ違いが不幸な関係を生む

ここで、冒頭の相談に戻ります。「この仕事、興味ありません」と平気で言う部下を、どう育てればいいか、というお悩みです。

こうした問題は、「保全・上司」と、「拡散・部下」の間でよく起こります。つまり、ムッタのようなタイプの上司に、ヒビトのようなタイプの部下が付いた場合です。「保全・上司」は、事前に資料を読み込ませてから、ロープレを経て、少しずつ実践させていく方法をとります。それが自分の学習スタイルでもあり、「良い育て方」と理解しているからです。

しかし、「拡散・部下」にとっては、そのやり方は「面倒くさい」「面白くない」ものなので、まるで興味を示しません。なんでも自分の好きなようにやりたいので、「放っておいてほしい」と思っているはずです。上司がやり方を押し付ければ、興味を失うでしょう。もしくは、上司の言うことには聞く耳を持たずに、自分勝手にトライアルをしようとするでしょう。

すると、どうなるか。上司は部下を「言うことを聞かない扱いにくいヤツ」と評価します。一方、部下は上司のことを、「自分のことを理解してくれない」「好きにさせてくれない」と感じ、「行動を制約する駄目な上司」と評価します。このようにお互いを低く評価してしまうのです。

さらに、こうしたすれ違いによって、「拡散性」が高い部下が極度のストレス状態に追い込まれると、上司に対して攻撃的になりかねません。そんな部下に対して、上司は「やはりこいつは苦手だ」という印象を固めてしまいます。

トム・ソーヤに学ぶコントロール法

さて、いよいよあなたが「拡散性」の高い人を部下に持った場合、どうするのがいいか、考えてみましょう。

「拡散性」の高い人は、「好き」や「興味」が最大の学習動機になります。「拡散・部下」をやる気にさせたいなら、本人の好きなやり方で任せるのが一番です。

あるいは、部下が「つまらない」と思っている仕事を、「こんな面白いこと」に変えてみる。部下が興味を持つように仕事の意味づけを変えることが、「拡散・部下」を動かす唯一の方法です。

『スーパーモチベーション』（D・R・スピッツァー著／ダイヤモンド社）にトム・ソーヤの有名な話が出てきます。おばさんに頼まれた「垣根のペンキ塗り」を、トム・ソーヤが面白いゲームに変えるというエピソードが紹介されています。「つまんない」と思ってやらないのではなく、自分がやらずに済むためにはどうすればいいかと彼は考えたのです。「皆がやりたくなればいい」とひらめいたトム・ソーヤ。「この仕事は特別なんだ。だから俺にしか任せられないんだ」と楽しそうに、誇らしげに取り組んでいると、その様子を見て「少し手伝わせて」と友達が寄ってきました。トム・ソーヤが「駄目だ。しっかりした子にしか任せてもらえないんだから」と断ると、友達は勝手にペンキ塗りの仕事に特別感を感じて、我も我もと刷毛を手に持ちます。トム・ソーヤはこのプロセスをゲームとして楽しみ、人の気持ちをコントロールできることで、さらに楽しみが大きくなっていくのでした。


上司は、「拡散性」の高い部下に対して「目の前の仕事がいかに興味深いのか、面白いのか」を伝える必要があります。もちろん、仕事自体に変化はないですし、ルーティンワークの場合は面白くないかもしれません。それでも、仕事の意味づけは変えられます。

「ルーティンワークだけど、このプロセスを半分にできるアイデアはないかな？」

「インプットとアウトプットは変えられないけど、プロセスは変えても構わないよ。好きにしてごらん。君にしかできないと思うから」

「拡散性」の高い人は、人と同じことはやりたがらない〝あまのじゃく〟な面があります。皆が「行く」と言えば、「自分は行かない」と〝逆張り〟をします。とにかく人とは違うこと、自分にしかできないことをやりたいのです。

そんな部下だからこそ、「オンリーワン」な存在としてくすぐる。これが、「拡散性」の高い部下への最高の動機づけになるはずです。「得意満面の笑顔」で、驚くような成果をあげてくれることでしょう。

まとめ

- 積み上げ型の学習スタイルを「拡散・部下」に強要すると、興味を失う。
- 「拡散性」の高い人は、答えのない課題や未踏の挑戦にワクワクする。
- 「拡散・部下」の好きにやらせるか、仕事の意味づけを変えるとよい。

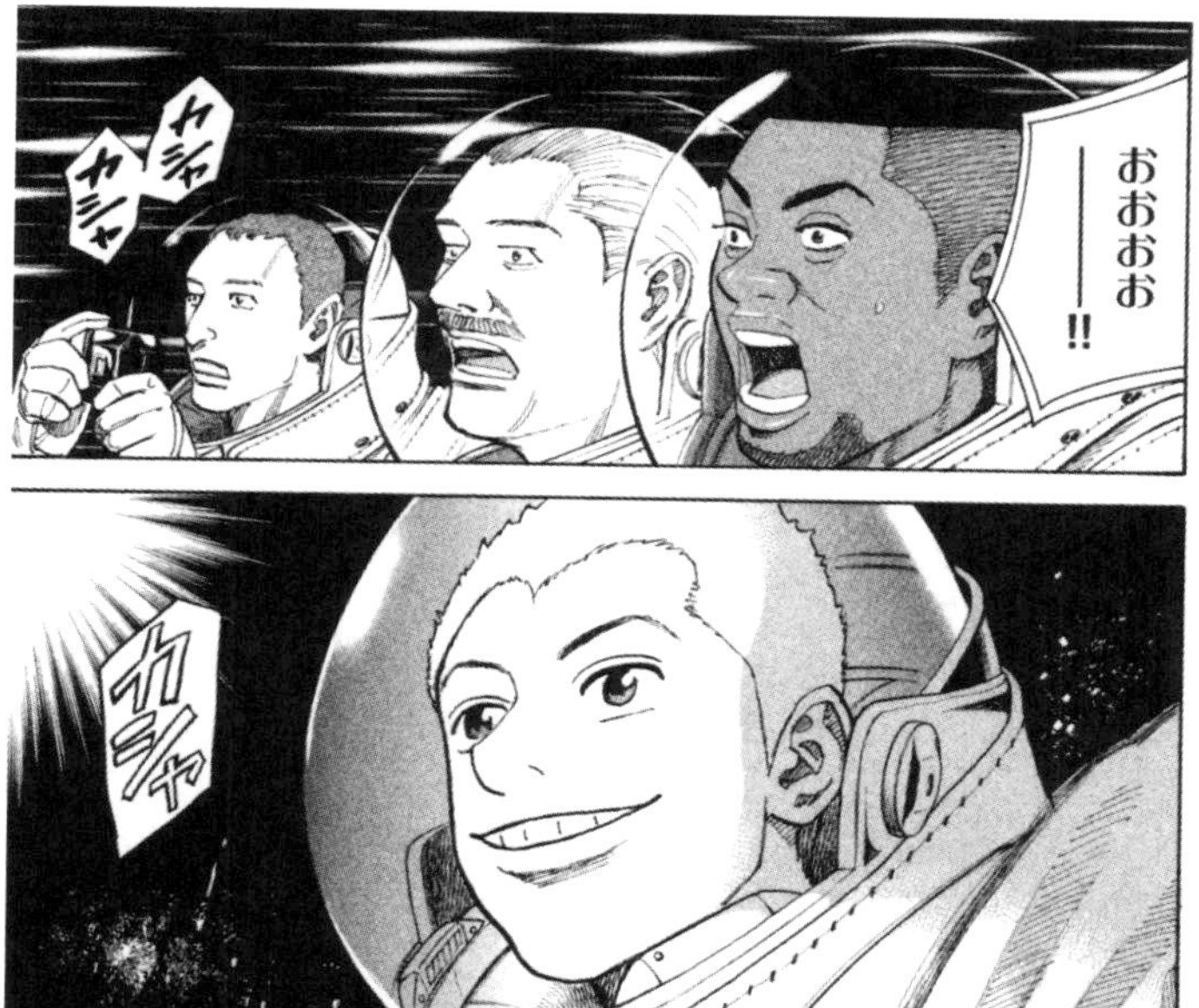

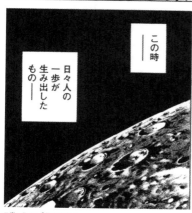

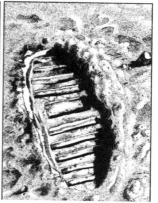

7巻 #65「月のウサギ」

「凝縮・上司」×「受容・部下」

Five Factors & Stress

「無愛想で怖い上司」敵か味方かの見分け方

自分と似た個性の人のことは理解できても、違う個性の人のことは理解しにくいものです。特に、日本人では少数派の「凝縮性」の高い人のことは、「気難しい」とか「いつも怒っている」などと誤解しがち。しかし、怖い印象の上司ほど、その素顔を知れば、頼れる相手かもしれません。

［凝縮・上司は怖そうだが、実は最強の味方になる］

5巻　#46「芝刈り男と砂掛け男」

実力はあって一目置かれている。けれど、不器用な性格ゆえに活躍の機会に恵まれていない。あるいは、本当はいい人なのに、「気難しい人」と誤解されて、敬遠されている。あなたの職場にも、おそらく1人くらいこんな上司がいませんか？

何を考えているのかわからない、気難しい人――。『宇宙兄弟』に登場するベテラン宇宙飛行士の吾妻滝生（アズマ）は、まさにそんな人です。

あなたの周りにいる気難しい人の素顔を知っていただくために、まずはアズマの人となりに迫ってみたいと思います。主人公の南波六太（ムッタ）が、宇宙飛行士選抜試験の最終面接後に開かれたパーティで、これからアズマと初対面を果たそうという場面です。

アズマは、同僚の宇宙飛行士からも、「（彼は）怒ってないよ、つってても俺も怖いけど」と言われるほど、近寄りがたい印象を持たれています。寡黙で口数が少なく、いつも無表情。唯一笑顔を見せるのは家族の前だけです。

愛想が悪いわ、態度がキツいわ、「何を考えているか分からない」となると、いくら仕事ができても、部下にとっては親しみにくい。なので、誤解も受けやすいのです。

アズマの場合、後輩宇宙飛行士の南波日々人（ヒビト、ムッタの弟）を妬んでいると噂されていました。日本人で最初に月面に立つのはベテランのアズマだと誰もが思っていたのに、次の

月ミッションに任命されたのは、日本人最年少宇宙飛行士のヒビトだったからです。

ヒビトを追って宇宙飛行士を目指すムッタは、この噂を聞いて動揺します。宇宙飛行士選抜試験の最終面接の審査員に、アズマが含まれていたからです。

ヒビトへの妬みが兄である自分に向けられるかもしれません。「これでムッタは終わりだな」。そんな声も聞こえてきてムッタは愕然とします。それでも、誰とでも仲良くなれるきっかけがあるはずと信じるムッタは、「ここで逃げてはいけない」と自分を奮い立たせ、アズマに近づいていきました。

はじめまして
南波六太
です！
弟の日々人《ひびと》が
いつもお世話に
なり　ありがとう
ございます！
今後とも
どうぞよろしく
お願い申し
上げます！
………
年賀状か
………!!
別に世話なんて
してないよ
………
あ……
そうなん
ですか……
終わった
………！
「日々人」を
ネタに
会話を広げる
はずが――!!

6巻 #52「一つの質問」

好意を示しながら近づくムッタに対し、アズマはまったく愛想がありません。これは裏を返せば、口下手で、お世辞を言うのが苦手ということ。アズマは、周りとの関係構築があまり得意ではない、不器用な人、と理解することができます。

アズマの人となりをFFS理論で分析すると、「受容性」の低さが見てとれます。「受容性」は「周りの状況を受け容れよう」とする力のことです。「受容性」が高い人は、周りの人たちを元気にしたいので、積極的に人間関係を作り、会話を盛り上げようと動きます。その点で、ムッタは「受容性」の高いタイプだとわかります。

一方、アズマは「受容性」の低いタイプなのでしょう。周りの空気を読んだり、環境の変化に合わせたりすることは得意ではないようです。

それに対して、アズマに強く感じるのは「凝縮性」の高さです。

「凝縮性」は、「こだわりや価値観を強化しよう」とする力のことです。「凝縮性」の高い人は、自分の中に明確な価値規範を持つため、ブレがありません。周りの状況を受け容れようとする「受容性」とは対照的な個性です。

「凝縮性」の高い人は、自分の価値観に合うことは推進しますが、そうでなければなかなか手を動かしません。人間関係でも同じで、自分と価値観の合う相手のことは認めますし、尊敬する相手には従います。でも、価値観の合わない相手とは、そもそも交わろうとしません。それが周りの人の目には「排他的」と映ることもあります。「受容性」が高い人が多い日本の社会では、なおさらです。

アズマがこだわる生き方

アズマのこだわりの強さが感じられる場面があります。ムッタがアズマに話しかけて撃沈した先ほどのシーンで、アズマがムッタにたずねた一言です。

「一つだけ答えてくれ　死ぬ覚悟はあるか？」

彼自身、尊敬する大先輩の宇宙飛行士、ブライアン・Jから同じ質問をされたことがありました（後ほど、288ページで詳しくご紹介します）。

「死ぬ覚悟があるか」と問われて、どう答えるのか。その答えの中に、宇宙飛行士としての人間性が凝縮されているとアズマは考えていて、相手を信じるか信じないかの基準にしているのです。

「死ぬ覚悟は……できてません」とムッタは答えます。

アズマは過去にヒビトにも同じ質問をしていました。

「死ぬ覚悟ですか？　全くないです」とヒビトは答えました。

アズマ自身は、宇宙飛行士には、死ぬ覚悟より「生きる覚悟」が必要だと考える人です。

偶然にも答えが一致した兄弟を、アズマは「信じられる相手」と認めました。

そして、一旦認めた相手のことは信じ切る。これも「凝縮性」の高い人の傾向です。アズマはこのあと、何かと兄弟のことを気にかけ、2人がピンチのときには救いの手を差し伸べます。

気難しそうで、近寄りがたい人――。そんなアズマのイメージは、「凝縮性」の高さと「受容性」の低さが大きく影響していると考えられます。アズマが寡黙で無表情なのは、怒っているからでも、相手を威圧したいからでもありません。怖いイメージとは裏腹に、その素顔は「不器用で堅物、周りと折り合いをつけるのが苦手な人」であることが理解できるのではないでしょうか。

補足しておくと、5つの因子のバランスは人それぞれに多様であり、「凝縮性」と「受容性」がともに高い人もいます。その場合は、ブレない強さを備えながらも、人当たりが柔らかで、親しみやすい印象を与えます。

このように周りからは理解されにくいアズマですが、彼を理解する人たちも少数ながら存在します。彼らの目にはアズマのどんな一面が映っているのでしょうか。

アズマがヒビトに嫉妬しているという噂は、ヒビトにも聞こえていました。仲間たちは、ムッタがそのとばっちりを受けるのではと心配します。

ただ一つ気がかりなのは
アズマがムッタをどう思うかだなぁ
みんなそこを気にしてるよ
アズマは何考えてるかわかりにくい人だからな
ヒビトへの嫉妬《しっと》もどれくらいのものか……
……
それも心配ない
俺のこと悪く思ってたとしても
それをムッちゃんに向けるような人じゃない
それはわかる

6巻 #49「筋トレ兄」

心の中はフェアな人

「俺のことを悪く思ってたとしても　それをムッちゃんに向けるような人じゃない　それはわかる」

休憩中にアズマとキャッチボールをすることもあったヒビトは、アズマのことを尊敬していました。そもそもヒビトは周囲の噂を気にしていません。むしろ、自分の感じたままを信じています。これは、ヒビトが「拡散性」の高いタイプだからでしょう。拡散性の高い人は、「自分は自分」という意識が強く、周りの目を気にすることがありません。ヒビトがアズマに近づいていったのも、アズマの言動に「興味を持った」からでした。自分の感性を信じ、感性の向くままに行動するのが、生まれついた気質由来の「拡散性」の高い人の特性です。そう考えると、ヒビトのように〝動物的勘〟の働く人が、アズマのように誤解されやすい人の理解者になりやすいのかもしれません。

次に、ムッタが感じたアズマの素顔を見てみます。

ヒビトを乗せたロケットが、月へ向けて無事に打ち上げられた直後のことです。ムッタは、家族とくつろぐアズマを偶然見かけ、恐る恐る声をかけます。すると、ヒビトを妬んでいると噂されていたアズマが、予想外の行動を取ったのです。

ガタッ
んあ?
ちょ…
チャッ
ちょっと
あんた!
………
チュー――
知らない
わよォ
吾妻さん
こ…
こんにちは
………
ゴクッ

ガタ
打ち上げ成功
おめでとう

7巻 #62「入ってはいけない場所」

アズマはわざわざ椅子から立ち上がり、ムッタの手をしっかりと握ってきました。まだ宇宙飛行士にもなっていないムッタは、ベテランのアズマからすれば〝ただの若造〟の扱いでもおかしくありません。相手の年齢や立場に関係なくきちんと対応するアズマ。このときムッタは理解したのでしょう。アズマは、ヒビトに先を越されたことを妬んでいるわけではない。打ち上げが成功したことを純粋に喜んでくれている。そして、こうも思いました。

「あの瞬間、ヒビトが吾妻さんを尊敬してしまう理由がわかった気がした」

「この人のことを本当に理解している人間は少ないんじゃないだろうか」

ムッタはアズマのことを、「とてもフェアな人だ」と感じたと思います。「凝縮性」の高い人は、「正しいか／正しくないか」を判断基準にします。正義や道徳といった価値観こそ、彼らが大切にしているものなのです。

ムッタを信じ、ヒビトの命を救ったアズマ

「凝縮性」の高い人は、責任感や使命感が強い個性でもあります。アズマの責任感の強さが垣間見えるシーンがあります。

月ミッションの最中、ヒビトはクレーターの谷底に落下する大事故に遭います。通信が途切れて状況が把握できない中、ＮＡＳＡは「事故が起きたら動かずに救助を待つ」という原則に従い、ヒビトが消息を絶った場所に救助隊を向かわせようとします。

ところが、ＪＡＸＡから事故を聞かされたムッタは、「ヒビトは多分じっとしていない」と考えて、別の救助ポイントを示唆します。その判断はＮＡＳＡに伝えられますが、「原則に基づく意思決定」がなされる可能性が高いとして、ムッタの提案は却下されてしまうのです。

それでもムッタの判断を信じたのが、ＮＡＳＡにいたアズマでした。

「ＪＡＸＡからの提案ですが　すぐにでも対応するべきです」

アズマはディレクターのクラウドを説得します。もしヒビトが移動していれば、救助隊

9巻　#85「ピース」

とのランデブーは失敗し、酸素が持つ時間内の救出が絶望的になる。ＪＡＸＡからの提案は、「常に最悪の状況を想定すべき」というクラウドの考え方に沿っている。「最悪のケースを想定して考えられた最善の策です」。

救出用の車両（ビートル）の目的地を変えること自体にリスクがあると指摘するクラウド。アズマはひるみません。「〝ＢＲＩＡＮ〟を行かせましょう　俺が指揮を執ります」と提案するのです（ＢＲＩＡＮとは何か。それはぜひ本作を読んでください）。

「凝縮性」の高い人は、自分が「これは正しい」「こうあるべき」と思ったことは、どんな障害があってもやり抜こうとします。信念の人なのです。

仲間の命を守るため、上司の指示にも真正面から堂々と反論し、説得し、責任も取る（「自分が指揮を執る」）と断言しました。責任感の強さを感じます。そしてこの判断が、ヒビトの命を救うことになるのです。

無骨で不器用だけど、頼りがいのあるリーダー

「凝縮性」が高い人のブレない強さの裏には、優しさも秘められています。

ヒビトは月面での大事故の影響でパニック障害を患い、帰還後は前線から外されていました。パニック障害は克服しつつあるものの、宇宙飛行士への復帰がかかる試験を前に不安が募ります。ムッタにも相談せず、悩みを一人で抱えたまま、尊敬する大先輩が眠る墓にやってきます。そこで偶然、アズマに遭遇しました。

218ページをご覧いただくとわかるように、普段は無表情なアズマが、ヒビトに対しては優しい表情を浮かべています。そして、不安に押しつぶされそうなヒビトに、そこから抜け出すための道筋を示すのです。

「本当の兄貴に話せばいい　お前にはいるだろう〝もう一人の兄貴〟が」

アズマは、ヒビトのことを弟のように感じていたはずです。もちろん、ムッタに対しても。私心なく近づいてきた2人は、アズマにとって「信じられる相手」でした。

「凝縮性」の高い人は、信用した相手は「家族も同然」とみなします。そして、「自分が

守るべき対象」となった相手には優しさを示すのです。

アズマはもう一人の良き理解者だったブライアンのことを、「兄貴みたいな存在だった」と語っています。信用する相手を兄弟のように感じることは、「凝縮性」の高い人にはよくあります。

「受容性」が低く「凝縮性」が高い人は、近寄りがたい雰囲気が邪魔をして、短時間では理解されにくいし、評価もされにくいかもしれません。でも、ひとたび懐に入り込んでその人柄を知れば、責任感が強く、いざというときに頼れる存在であり、最後まで守り抜いてくれる人であるとわかります。

これは組織の中では極めて貴重な存在です。ましてアズマのように経験豊富なベテランであれば、適切な判断や決断ができます。より頼もしい存在に映るはずです。融通の利かない自分勝手な人とは違うのです。

あなたの職場にも、アズマのような人がいたら、ぜひ親しくなりたいところです。とはいえ、ただぶっきらぼうなだけの人ももちろんいますので、ちゃんと中身のある相手かどうかを見極めねばなりません。

見分けるには、次のポイントに着目してみてください。まず、会議や議論の場で主張を述べる際の態度を観察してみましょう。

- 顧客や世の中のあるべき姿に対して、真摯に向き合っている
- 私心なく、正義を貫こうとしている
- 自分勝手、独りよがりではない
- 「組織の論理」に媚びていない

以上のような言動が目立ち、結果的に周囲から煙たがられている人がいたら、ついていく価値があるかもしれません。また、リーダーなど組織の要に据えられると活躍する可能性が大です。

深く理解する人がいれば大きな戦力に

ただし、無骨で不器用な人がリーダーとして活躍するためには、正義感や責任感の強さといったその人の良いところを感じ取り、理解する人が必ず必要です。アズマでいえば、ムッタやヒビト、ブライアンのような存在です。

理解者不在のままリーダーを任せても、「やはりあの人は怖い」「堅物すぎて話が通じない」と思われて逆効果です。理解者が1人でもいれば、その人がリーダーの翻訳者になることで、「この人、本当は頼もしい、いい人かも……」という理解が広がっていきます。

設計士のKさんは、周囲との折り合いに苦労してきた人です。3社目にして、ようやく良き理解者に巡り合い、今は「凝縮性」の強みを発揮して活躍しています。

Kさんの歩みを振り返ると、1社目では不正義を許せず、社長や上司とぶつかりました。2社目では、自分のこだわりが強すぎて、営業が取ってきた仕事に納得できず、請負を拒否して嫌われます。

挙句の果てに、「自分で営業する」と宣言し、営業から設計までを担当して、顧客の希望を叶えようとします。ところが、今度は施工が気に入らない。施工も自分で手掛けるようになると、仕事に満足感を味わえるようになりました。しかし、年間の受注件数には限りがあり、会社からの評価は上がりませんでした。

そして、3社目。Kさんの良いところを理解してくれる社長と出会いました。

「全部自分でやってもいいけれど、限界がくることは学んだよね。そろそろマネジメントを学ぼう」

そう言って抜擢してくれたのです。

Kさんのブレのなさは、部下や他部門の人たちから信頼されています。経営層も含む周囲の仲間が、Kさんが仕事しやすい環境を整えてくれたことで、彼の「凝縮性」の強みが開花しました。

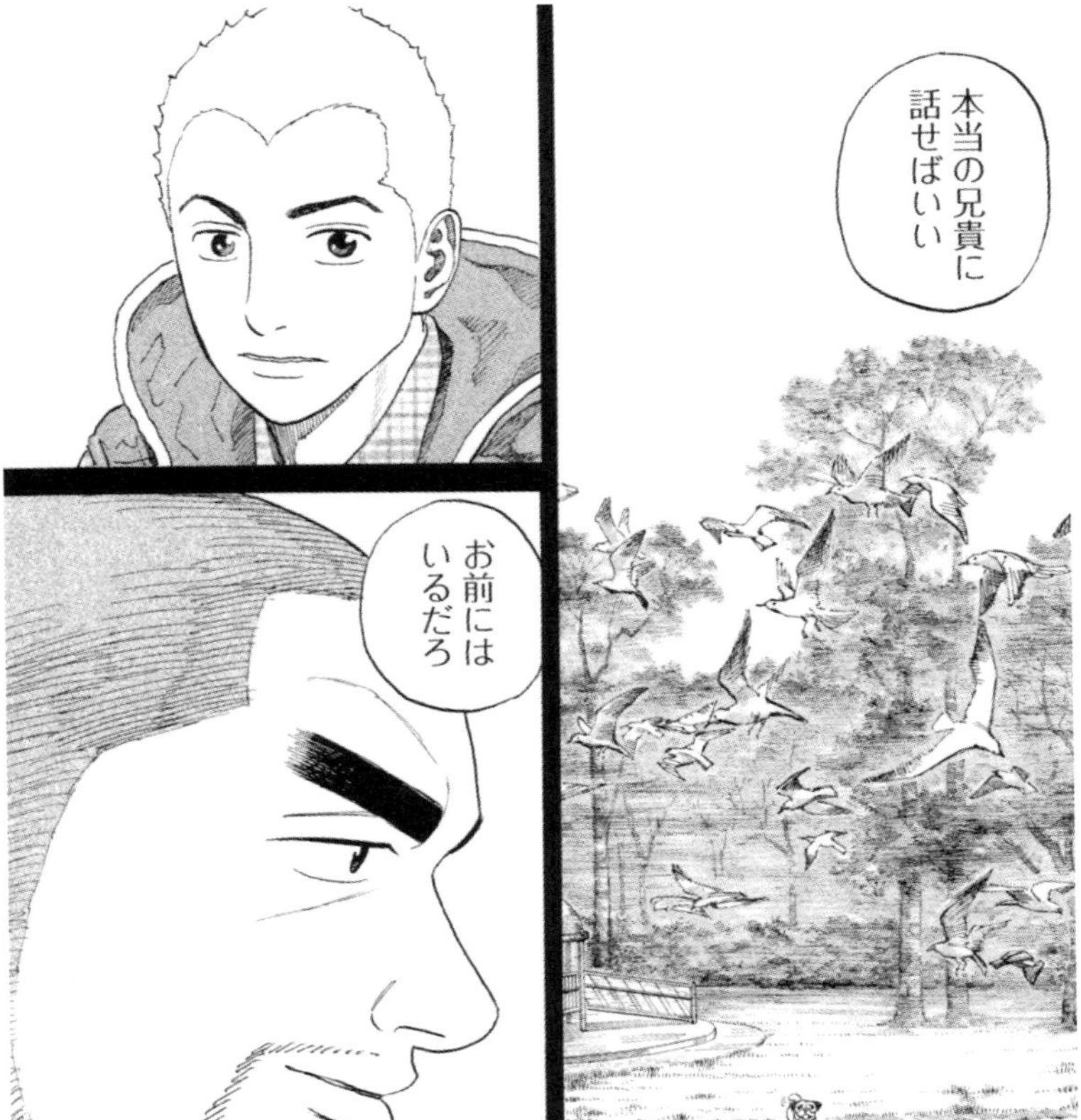
本当の兄貴に話せばいい
お前にはいるだろ
〝もう一人の兄貴〟が

17巻　#164「もう一人の兄貴」

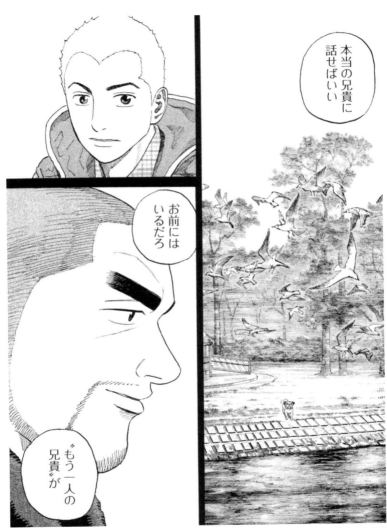

もし、あなたの周りにアズマがいたら

有能だけど無骨で不器用なリーダーに出会ったら、ぜひ、理解者になりましょう。そして、他のメンバーとの橋渡し役を買って出てください。あるいは、もし部下にアズマのような人がいたら、あなたがその人の理解者になって、リーダーを任せてみてください。今は活躍の場がなく、ストレス状態のためネガティブな面が見えているかもしれませんが、活躍の場さえ与えられれば、一気に良い面が表出されるはずです。最後までやり抜く責任感の強いリーダーが誕生するでしょう。

そして、もしあなた自身が「凝縮性」の高い方ならば、リーダーを務める際にはいくつか心がけたいポイントがあります。288ページをお読みください。

まとめ

・「凝縮性」の高い人は、こだわりが強いため威圧的に映ることも。
・その素顔は、決断力に優れ、責任感が強く、頼れる相手。
・理解者を得ることで、リーダーとして活躍が期待できる。

「弁別・上司」×「受容・部下」

Five Factors & Stress

「冷たい上司」とストレスなく付き合うには

相手の喜ぶ顔が見たくて、周りに対して世話を焼きたがる「受容性」の高い人。ところが、彼らの〝おもてなし〟にまったく反応を示さないのが、「弁別性」の高い人です。かといって反応しないのは、怒っているからでも、相手を嫌っているからでもありません。では、この「冷たい反応」をどう解釈すればいいのでしょうか？

［「弁別性」の高い上司は人間味に乏しく見えがちだ］

ビンセント・ボールド
君たちの訓練教官《スポンサー》を務めます

部下は上司の指示通りに仕事をしっかりと仕上げました。上司に報告すると、ただうなずかれただけ。「首尾よくやった」と思っている部下は、「えっ、褒めてくれないの？」と肩透かしを食らいます。あるいは、ミーティングが始まる前、その場の雰囲気を和ませようとしたメンバーの1人が、最近見たテレビの話題を持ち出しました。すると、上司がピシャリと一言、「無駄話はもういいかな」。せっかくの気遣いを制されたメンバーは、気まずそうにうつむくしかありません。

どちらのケースも、上司は「冷たい、人間味がない」ように思えるかもしれません。が、実は個性の違いによるものです。こうしたすれ違いは、「受容性」の高い部下と、「弁別性」の高い上司の間でよく起こります。ＦＦＳ

理論はこうした「悪意はないのに誤解される」悲劇を避けるためにも役立ちます。

白黒つけたがる弁別性

「受容性」は、「受け容れる力」のことです。こう言うと受け身に捉えられがちですが、積極的に周囲の人を元気にしていこうとする個性です。なぜなら、人が喜ぶことが、自分の喜びだからです。「受容性」の高い人は、仲間の役に立ちたいと思い、役に立っている実感を欲しがります。

一方、「弁別性」は、黒か白か、0か1かの「二律に分けていく力」のことです。判断軸は、「適切である」か「適切でない」かです。状況や心理状態をどちらかにはっきり分けて、無駄なく合理的に進めていこうとする個性です（判断軸が明確であるという点で「凝縮性」と似ていますが、あちらは「正しい」か「正しくない」かです。「凝縮性」は自分の価値観に基づく絶対的な基準にこだわり、「弁別性」はより確率的で、データに基づき「白か黒か」を付けます。従ってデータが変わると「白が黒に変わる」こともあります）。

そのため、「弁別性」の高い上司の指示は、定量的で的確。普段は冗談も言いません。会議では冒頭に気の利いた話もなく、単刀直入に本題に入ります。部下が指示通りに仕事を遂行するのは、「よきこと」ではありますが、特別に褒めるほどではありません。このように余分なことをしない、ムダがないのが、「弁別性」の高い人の特徴です。

「受容性」の高い人が「弁別性」のドライさに直面すると、「自分は嫌われているのではないか」とか、「自分の存在がないがしろにされている」などと感じます。相手から反応がないと、「自分が相手の役に立っている」という実感を得られないからです。

ＦＦＳ理論では、５つの因子のうち、上位２つか３つの因子がその人の個性に強く作用すると考えます。

「受容性」は、日本人の約64％が第一、第二因子に持つほど、日本人によくある個性です。全体としてみれば日本人は、まさに「お・も・て・な・し」志向の人々なのです。一方、「弁別性」を第一、第二因子に持つ人は22％であり、これは「受容性」の１／３強。「凝縮性」ほどではありませんが、やはり少ないほうに入ります。

そして、実は合理的な判断ができる「弁別性」を上位因子に持つ人は、組織内で高いポジションに就く例が多く見られます。

つまり、ドライな「弁別・上司」との付き合い方に悩む「受容・部下」が、日本の組織にはたくさんいる、と考えられるのです。先のようなケースが日々発生していそうです。その悩みの解消法を考えてみましょう。

『宇宙兄弟』にも、「弁別性」が高いと推測される登場人物がいます。

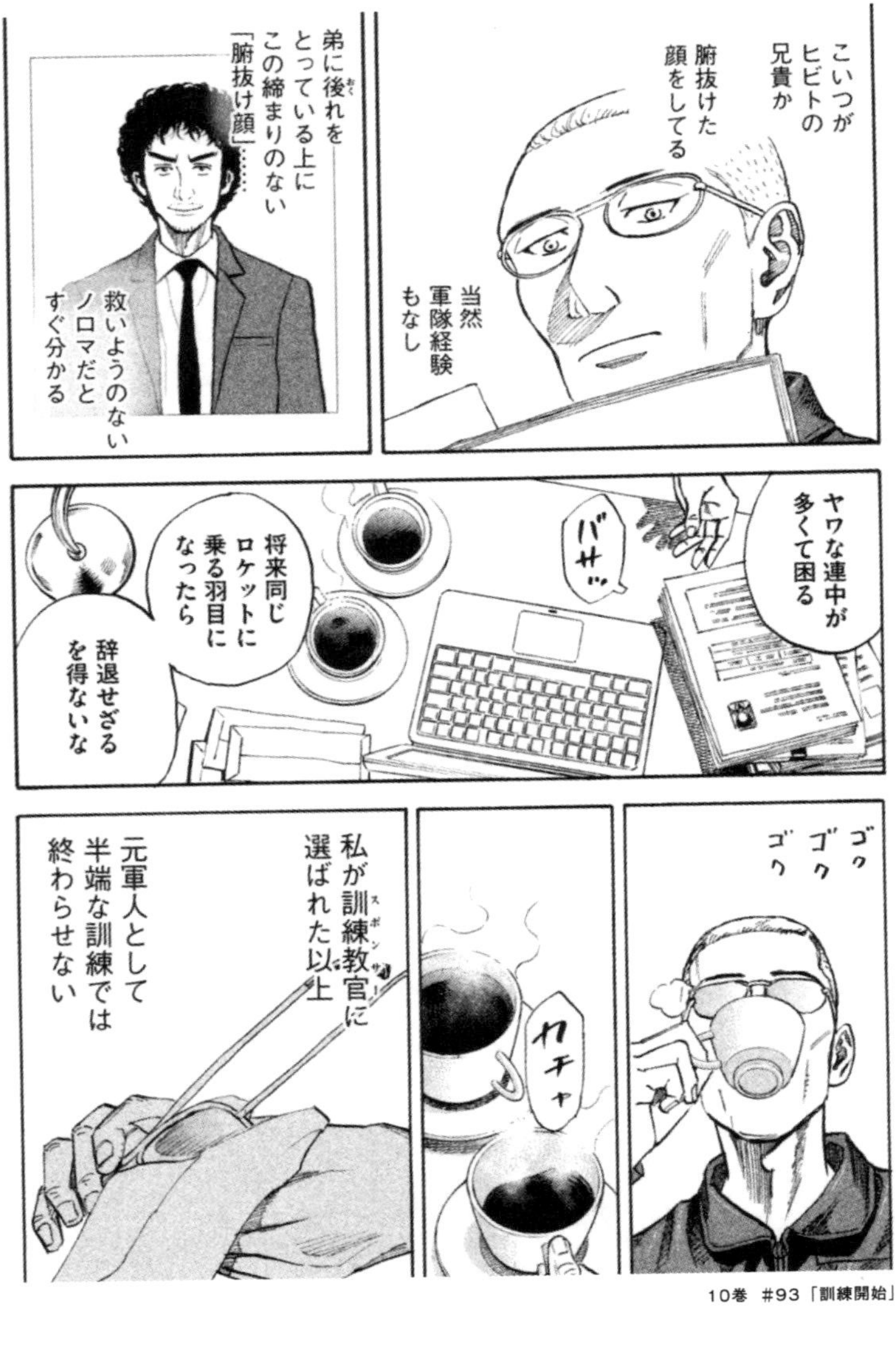

こいつがヒビトの兄貴か
腑抜けた顔をしてる
当然軍隊経験もなし
弟に後《おく》れをとっている上にこの締まりのない「腑抜け顔」……
救いようのないノロマだとすぐ分かる
ヤワな連中が多くて困る
バサッ
将来同じロケットに乗る羽目になったら
辞退せざるを得ないな
ゴクゴクゴク
カチャ
私が訓練教官《スポンサー》に選ばれた以上
元軍人として半端な訓練では終わらせない

10巻 #93「訓練開始」

主人公の南波六太（ムッタ）が宇宙飛行士候補生（アスキャン）時代、訓練教官を務めたNASA宇宙飛行士、ビンセント・ボールドです。ムッタは「受容性」が高いタイプと推測されるので、この2人は「弁別・上司」と「受容・部下」の関係です。

さて、「弁別性」の高い人は、本当に相手をないがしろにする〝冷たい〟人なのでしょうか。ここからはムッタとビンセントのやりとりを取り上げ、ビンセントの言動にフォーカスすることで、「受容・部下」からは理解されにくい「弁別・上司」の考え方や行動パターンに迫ってみたいと思います。

合理主義の「弁別性」と、世話好きの「受容性」

元軍人でもあるビンセントは、徹底した効率重視の訓練を実施します。アスキャンを前にした自己紹介では、「私は一度説明した内容を何度も訊かれることが嫌いです。時間のムダですから」と言い放ち、アスキャンの個人的な事情に対しては、「私は他人のプライベートにまで口出しするつもりがないだけです。時間のムダですから」と関心を示しません。また、アスキャンの成長を早める理由で、チームごとに競争させることにしました。こうした徹底したムダの排除は、「弁別性」そのものです。

また、ムッタに対する評価もとても手厳しいものでした。

ムッタのプロフィールを見て、「腑抜けた顔をしている。救いようのないノロマだとすぐに分かる」と容赦ありません。すでに宇宙飛行士として活躍する弟の南波日々人（ヒビト）に後れを取っているという事実や、軍隊を経験していないという経歴から、そう判断したのです。

ドライに見えることと、冷たいかどうかは別

「弁別性」の高い人が判断するときには、常に「理由」や「情報」を必要とします。状況把握は常にデータなどの客観的事実に基づいています。

例えば、プロジェクトでメンバーにやる気が満ちていても、成功の可能性が彼の持っている〝合理的な〟基準を下回るならば、「弁別性」の高い上司は中止の判断を下すことをまったくためらわないでしょう。確率重視の姿勢なのです。

そのために周囲から「ドライな人」と噂されても気にしません。

それに対して、ムッタは「受容性」が高く、面倒見がいい人です。いつも「皆の役に立ちたい」と思い、相手の気持ちをおもんぱかっています。ビンセントの指摘通り、甘い部分も多々ありますが、そのため、彼は仲間から慕われることも多く、困難な状態に陥ると助けてくれる仲間が現れたりするのです。

この訓練で誰より1位を目指してたのは新田だろ
その新田が
順位よりも今大事なもんがあるっていうんなら……
そっちを優先すべきなんだろうなって思っただけだ

10巻 #97「ニッタとムッタ」

ムッタのチームメンバーへの優しさが伝わるシーンがあります。

砂漠でのサバイバル訓練で、チームメンバーの新田零次が砂漠のどこかに携帯電話を落としてしまい、探しに戻ると言い出しました。

そんなことをすれば、チームの成績が不利になるのは明らかです。その日のリーダーだったムッタは、特に理由を聞くことなく新田に理解を示し、携帯電話探しに同行します。なぜ一緒に来る気になったのかと尋ねる新田に、こう答えます。

「誰より1位を目指していた新田が、順位よりも大事なもんがあるっていうんなら、そっちを優先すべきなんだろうなって思っただけだ」

理由も聞かず相手の気持ちをおもんぱかるところに、彼の「受容性」の高さが表れています。しかし、このムッタの判断を、教官のビンセントは厳しく評価します。

「あの判断は、決して正しくはありません」

このサバイバル訓練が、月面活動を想定したものだと考えれば、新田にどんな事情があったとしても、ミッション遂行以上に優先すべき事柄はないはず。携帯電話を探しに戻った2人の行動は無謀だった、と明確にジャッジしました。

ビンセントは常にドライで厳しい態度を取り続けますが、一方で、ムッタの成長を見守るような優しさを感じさせる場面も出てきます。

何話したんだよ?
……あぁ
かるく説教されちゃったよ
俺が熱出したこととかね
「自己管理が甘い」
「鍛え方が足りない」って
あと俺がリーダーの時に新田《にった》の携帯を探しに戻ったことも
「あの判断は——」
「決して正しくはありません」
……って
あの砂漠を月面だと考えてれば
あんな無謀な行動はとらなかったはず——……ってことだ
そうか……
あん時は無理言って悪かったな
いや…でも
こうも言ってたよ

君たちE班は一番アクシデントが多かった
その分一番成長したと思ってください
ふぁ〜あ
今日はもう寝よかみんな
明日のコンペで
ここでの訓練も終わりだ

12巻＃110「ランデブー」

チームが最下位に終わったムッタに、「君たちE班は一番アクシデントが多かった」「その分　一番成長したと思ってください」と話すビンセント。

その後ムッタは、アスキャンの訓練を終えて正式に宇宙飛行士に任命されたものの、あるミッションへの参加を辞退したことで、バギーの開発部門に異動を命じられます。「月へ行く夢が遠のいた」と諦めかけたムッタに、ビンセントは冷静な視点からアドバイスしました。「とにかく君はここで何らかの成果を上げてください」「それができれば君にも……〝月ミッション〟のバックアップクルーへの道が開けます」。

このビンセントの言動から、何を感じ取るべきでしょうか。

「弁別性」の優しさはひと味違う

「弁別性」の高い人の〝優しさ〟は、「受容性」的な優しさとは違う、ということです。「受容性」の高い人が、相手の気持ちに寄り添おうとし、ややもすると八方美人になるのに対し、「弁別性」の高い人は、人間関係も合理的に割り切ろうとします。つまり、交わるに値する相手かどうかを客観的に判断し、信頼に値すると判断した相手には、尊重する態度で接します。わきまえている、とも言えます。一方、交わるに値しないと判断した相手には、見向きもしません。

これは何年も待たされるパターンに違いないと
〝諦め〟のような覚悟を決めかけたあの時
ミスターナンバ
それをさえぎるようにビンスさんの声
とにかく君はここで
何らかの成果を上げてください
それができれば君にも……

〝月ミッション〟の
バックアップクルーへの道が開けます
ふとビンスさんの背を目で追った
その視線の上方には

14巻 ＃131「諦めのような覚悟」

ムッタのことも、アスキャンの訓練中にムッタが発した言葉を聞いて、期待できる相手と判断したのでしょう。

ムッタは「本気の失敗には価値がある」と言いました。この言葉は、ビンセントが宇宙への夢を誓い合った幼なじみのリックを思い出させるものだったのです（この名場面は『宇宙兄弟』の11巻#107「本気の失敗」で出てきます）。

実は「来る者」は拒まない

白か黒か。その結果「白」だと判断した相手には、ビンセントは教官として手を差し伸べました。成長の機会を与え、自立を促すのです。ここに「弁別性」流の優しさが感じられます。

だからといって肩入れすることはなく、あくまで冷静です。相手がこちらの期待に応えなくても、追いかけることも、口出しすることもありません。

「来る者拒まず、去る者追わず」なのです。必死でついて来ようとする生徒には、ちゃんと支援し、導く。そしてその結果として、成長する人もいればしない人もいる。それはあくまで本人の自己責任——。それが教官としての自分の役割であり、使命だ、と、ここでも割り切れています。

あらまあ
言うじゃない ビンス
一時はムッタを見捨てようとしてたくせにぃ
私は必死について来ようと手をのばし続ける者には
こちらも手を差し出します

20巻 #190「Rickの“R”」

反応がないのが、「OK」のサイン!?

「弁別・上司」とうまく付き合うには、「弁別・上司」は「ドライであることが普通」であることを理解することが重要です。「受容・部下」からすれば、良いのか悪いのか、「何らかの反応が欲しい」と思うかもしれませんが、「弁別・上司」は順調な状況では何も反応はしません。「反応がないのは良いメッセージ」と解釈すれば、自分の存在をないがしろにされているわけではないと理解が進みます。

一方で、順調に進んでいない場合は、質問攻めに遭います。「なぜなの?」「で、どうしたの?」と矢継ぎ早に質問され、部下は詰問されていると感じるかもしれません。

この場合も、上司は問い詰めているのではなく、自分のプランのどこが間違っていたのかを検証したいがため、徹底的に情報を集めているのです。上司は純粋に「理由が知りたい」のだと理解することです。理由が分かって腑に落ちれば、何もなかったかのように冷静で、改めて計画を立案してくれる状態になるのです。

対策として、「弁別・上司」に悪い結果を報告しなければならない場合は、自分なりにきちんと原因を突き止めておくとよいでしょう。原因が突き止められない場合は、データを揃えておきましょう。「こういう理由だと思います。なぜならば、こんなデータがあるからです」と伝えると、一緒になって検証してくれます。同じデータに基づいて議論ができれば、「弁別性」の冷静沈着な良い部分がクローズアップされて、頼りがいのある上司に映るはずです。

「受容性」は、スルーされてもめげるなかれ!

さて、ビンセントの〝優しさ〟を一番理解しているのは、彼のパートナー、ベリンダでしょう。彼女は、なぜ「弁別性」の高い夫のことを理解できるのか考えてみたいと思います。ビンセントとうまく付き合っていくため、彼のことを理解しようと自宅にやってきたムッタにアドバイスする場面があります。

ビンセントが口にする前に指示を次々に先取りして世話を焼くベリンダ。でも、最初は彼女も、夫が何を考えているのか分からずに苦労した、とムッタに打ち明けています。そこで彼女は、夫を徹底的に観察したのです。じーっと観察して、観察して、そして観察する。そのうち、夫の行動や欲することが分かるようになっていきました。

「やる気がないような人には冷たくて　まるで見向きもしないけど……　ムッタさんはただ自分のやるべきことだけを存分にやればいいと思うわ」「そういう人にビンスは気付くから」

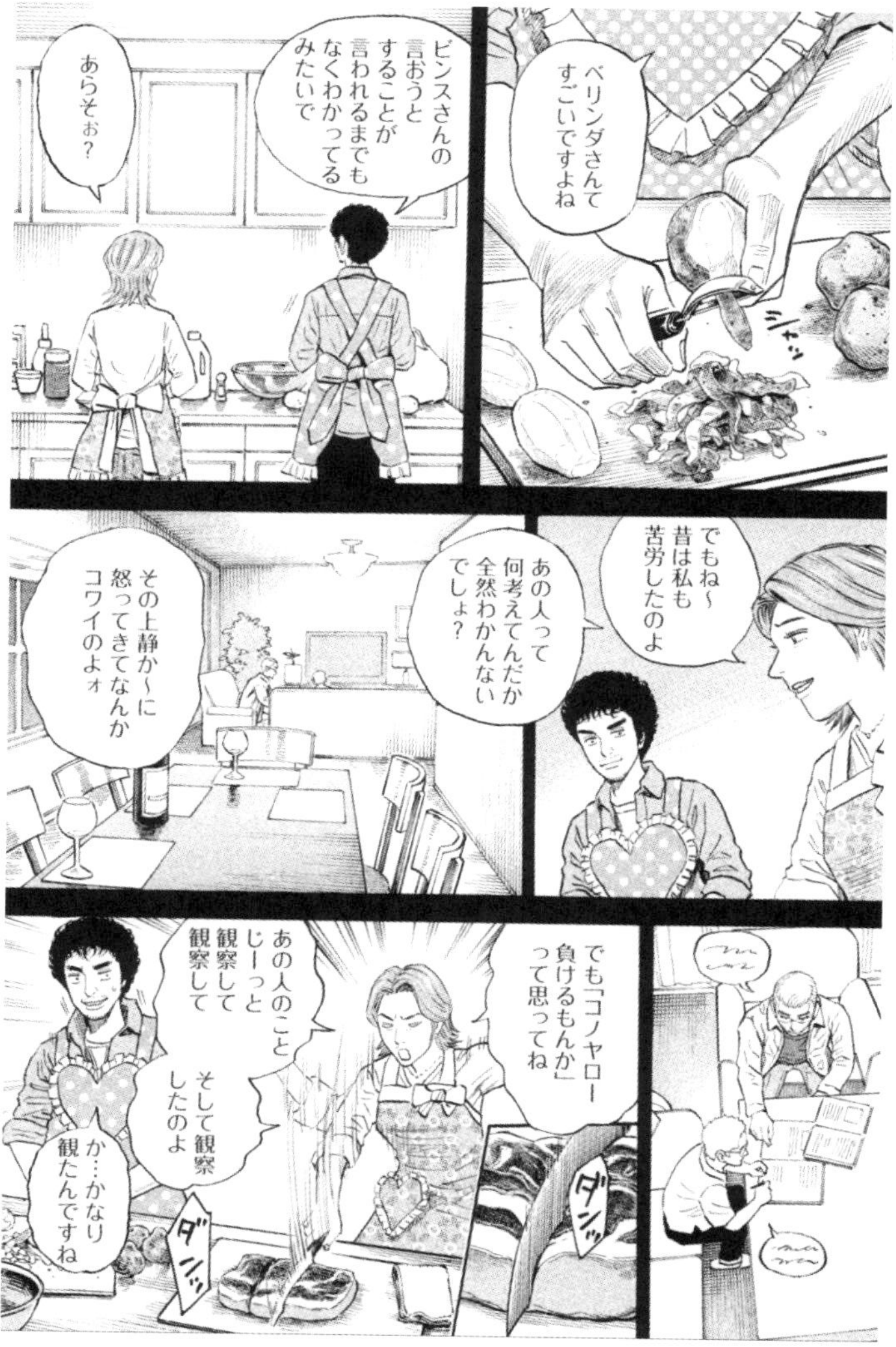
ベリンダさんて
すごいですよね
シャッ
ビンスさんの
言おうと
することが
言われるまでも
なくわかってる
みたいで
あらそぉ?
でもね~
昔は私も
苦労したのよ
あの人って
何考えてんだか
全然わかんない
でしょ?
その上静か~に
怒ってきてなんか
コワイのよォ
でも「コノヤロー
負けるもんか」
って思ってね
ダンッ
あの人のこと
じーっと
観察して
観察して
そして観察
したのよ
ダンッ
か…かなり
観たんですね

無理にビンスに
合わせていく
必要はないわ
え…
あの人は
誰よりも
静か～に
誰よりも
熱心な
人なのよ
やる気がない
ような人には
冷たくて
まるで
見向きも
しないけど…
ムッタさんはただ
自分のやるべき
ことだけを
存分にやれば
いいと思うわ

20巻 #188「RICK」

相手のことをよく観察しようとするのは、「受容性」の特性です。相手を喜ばせたいと思うから、観察力が優れているのです。おそらくはベリンダも、「受容性」の高いタイプなのでしょう。

「受容性」の高い人にとって、相手のためを思って取った行動がスルーされるのは、辛いことです。相手の役に立っている実感が欲しくて、もっとお節介をしたり、介入的になったりしがちです。これは「受容性」の特性がネガティブに発揮された場合です。

ベリンダの場合、「受容性」の強みがポジティブに発揮されました。相手から反応がなくても、自虐的になったり、愛情を押し付けたりしません。相手をそのままに理解し、その上で相手をサポートしようと努めました。まさに「受容性」の本領発揮です。

異なる個性の相手を理解し、受け容れることに「受容性」の強みが発揮されると、人間関係はもっとスムーズにいくでしょう。ほら、上司の冷たさが、信頼の証しのように思えてきませんか?

まとめ

- 「弁別性」の合理主義は、相手を思いやる「受容性」には〝冷たく〟感じられる。
- 感情で寄り添うより、合理的に目的達成を支援するのが「弁別性」の優しさ。
- 「弁別・上司」にデータや根拠を揃えて報告・相談すると、力になってくれる。

「保全・上司」の動かし方

Five Factors & Stress

「リスクを取らない上司」をどう動かすか

上司を説得するのも、部下の仕事のうちです。それには、上司の個性に合わせて説得の仕方を変えるのが理想ですが、中でも手ごわいのは、リスクを嫌う「保全性」の高い上司でしょう。説得の仕方を誤ると、さらに守りを固められてしまいます。「保全・上司」をこじらせないためのコツを伝授しましょう。

「保全性」の高い人が守りに入ると手強い

失敗は許されないんだ
世間に顔が知られ
ミスをしないクルーを選ぶべきだろう

どんなにいいアイデアを出しても、「前例がないならダメ」と却下する上司。リスクのありそうなことは極力避けたがる「壁になる上司」。どの会社にもいるものです。

新しい取り組みは、これまでのやり方とは違うのですから、リスクはゼロにはできない。だから、「ダメ」。こんな調子ですべての新規事案をことごとく潰そうとする上司を、さて、どう説得したものでしょうか。

壁になる上司は、『宇宙兄弟』にもやはり登場します。それも、主人公の南波六太（ムッタ）がついに憧れだった宇宙飛行士になり、初めてのミッションに向けて訓練に励んでいたときに。彼の前に立ちはだかるのは、NASAプログラムマネージャーのウォルター・ゲイツです。

月へのミッションの次期クルーには、ムッタ

大いに
異議ありだよ
……
どういうことだ？
あまり理解していないようだから言うが
このCES-66は特別なんだ

を含む6人のチーム（愛称はジョーカーズ）が有望視されていました。

それには理由がありました。

次のミッションでは、ムッタが発案したナビ付きフロントウィンドウを月面走行バギーに取り付ける作業や、ムッタが第二の母のように慕う天文学者・シャロンが推進する月面天文台の建設が計画されていたからです。つまり、次のミッションは、ムッタと深い関わりがあったのです。

ところが、ジョーカーズの任命に、宇宙飛行士のミッションへの任命権を握る重要人物であるゲイツが、異議を唱えます。

ゲイツは、「ミスをしない」「無理をしない」という仕事のやり方で上から認められ、今の地位に就いた男でした。

まずバージョンアップした新型宇宙服の初公表がこのCES・66にあたる
マスコミ関係への露出も相当増えるだろう
知名度とスピーチ力を持った者でなければ困る
だがこの〝ジョーカーズ〟というのはどうだ
まともにしゃべれそうな者が見当たらん
ベテランのエディ・Jがいる
ハッ
ベテラン過ぎだ
我々より年上の老いぼれた飛行士をTVに映してどうする
……
それだけではない

今回のこの月面天文台建設は「月の〝裏側〟に初めて人類が立つ」というイベント付きだ
すでに各方面からの注目を集めている
失敗は許されないんだ
世間に顔が知られ
ミスをしないクルーを選ぶべきだろう
ザワ ザワ
よってCES-66クルーには
経験豊富な30～40代が揃った〝ボルツ〟の6人を推薦する
初フライトの者が3人もいる〝ジョーカーズ〟など論外だ
ピラッ

20巻＃196「頼むぜお月さん」

ジョーカーズは、リーダーのエディ・Jを除き若手中心のチームであり、個性豊かといううか〝破天荒〟なメンツがそろっていました。リスクを取りたくないゲイツは、実績のあるベテランのクルーたちを推しました。少しでもリスクがあれば、彼の答えは「NO」。

リスクに目が向きやすいのは、「保全性」の高い人に見られる傾向です。ゲイツも恐らく、「保全性」が高いタイプと推測できます。「保全性」を第一・第二因子に持つ日本人は約5割です。物事に対してしっかり準備して、不安な要素を取り除いてから、着実に進もうとする特性があります。この特性が強いと、未経験の事柄や難易度が高いことを極力避けて、安全な道を探りたい、そういう行動に出がちです。

守りに入った「保全性」は手強い

失敗しない一番の方法は「何もしないこと」だ。

そんな思い込みにとらわれ、リスクを取りたがらない。「保全性」の特性が悪い方に出た上司をどのように説得するのか。

チャレンジを避けることで「ミスをしない男」の異名を得たゲイツと、夢を実現するためにゲイツを説得したいムッタ。2人のやり取りを参考にしながら、「壁になる上司」の動かし方を探っていきましょう。

どうしても月ミッションに選ばれたいムッタは、ゲイツに直談判します。

「天文台建設に一番ふさわしいのは、俺です！」

するとゲイツは、任命の条件として、到底実現不可能と思われる難題をムッタに突き付けました。それは、2カ月以内に、運営コストの1億ドル削減案を出すこと。ゲイツは上層部から経費削減の指示を受けており、どうせ無理だと思いながら、アサインしない口実としてコスト削減の話を持ち出したのです。

ゲイツは度重なる国際宇宙ステーション（ISS）の故障と、その維持にかかる巨額の費用に頭を悩ませていました。そこで、1億ドル削減が可能な案として、「ISSの廃止を求める署名運動を行い、より多くの署名を集めたチームを月ミッションに任命する」とムッタに告げるのです。

ムッタは、本音ではISSを存続させたいので、悩みます。いじいじ迷いますが、ISSの廃止署名を集めることはできません。自分の気持ちに反する行為はしたくないのです。

ムッタたちジョーカーズは、月ミッションを自分たちの手に取り戻すため、「1億ドルの経費削減」に知恵を絞ります。技術の領域で試行錯誤することは、ムッタの得意とするところです。チームメンバーの協力と、これまで関わりのあった技術者人脈をフル活用し、具体的な削減案を練り上げました。

しかし、ゲイツのかたくなな態度は変わりません。

壁になる上司は、リスクを取ることが「生理的に嫌」なのです。理屈では分かっていても、動きたくない。変えたくない。

実は、日本の組織における一番の問題が、まさにこれ。組織改革が遅れるのも、同じ理由です。ですから、理路整然と説得されればされるほど拒絶反応が起き、壁はますます高くなる一方です。ゲイツは、ムッタの理屈に、理屈で対抗します。コストの見積もりの甘さを指摘して、ムッタの提案を退けるのです。

余談ですが、FFS理論ではこの辺のゲイツのドライさから、「弁別性」の高さを見ることができます。「弁別性」は、合理性を好み、確率やデータをもとに判断する個性ですが、ゲイツは「保全性」も高いので、リスクの大きさを感じ、そこから距離を取りたいのです。

論理ではなく、心を揺さぶれ！

理論武装してもダメなら、他に説得の方法はないのでしょうか。

いいえ、ミッションへのムッタの熱い思いは、ゲイツの心に少なからず届いていました。「ISSの廃止署名を集めろ」と非情な要求をするゲイツに、ムッタが個人的な質問を投げかけました。次のシーンは、ゲイツがそれを思い出しているところです。

21巻 #201「ISSを終わらせる」

「ゲイツさんは　宇宙の何が好きですか？」

ゲイツは、「くだらん質問だ」と一蹴します。しかし、この一言は、宇宙に夢中だった昔の記憶をゲイツに呼び起こしました。彼は、宇宙モノと聞けば何にでも飛びついていた少年時代を送り、NASAの職員になってからは、月面基地のジオラマ作りに精を出していました。自宅の屋根裏部屋に当時のまま置かれたジオラマのことまで、久しぶりに思い出すのです。

ムッタは、基本的に「すべての人はいい人」と捉える性善説で生きています（これは「受容性」の一面です）。「ゲイツにも、宇宙が大好きで輝いていた時代があったはず」と考えて、情熱にあふれていた頃を思い出させる行動に出たのでした。

また、ムッタはコスト削減のために、巨額の費用がかかる地上での実験回数を減らし、月での〝ぶっつけ本番〟を提案するのですが、その際にゲイツに向かって言い放ちます。

「果敢に挑んでいく勇気を手に入れるチャンスです」

言うかそれ？　とツッコミが入りそうですが、ゲイツの気持ちは揺さぶられたでしょう。そして、彼の心を一番かき乱したのは、「ＩＳＳ廃止」の署名を集めろと言われたムッタが、仲間たちと取った行動ではないでしょうか。ゲイツにしてみれば、完全に想定外だったはずです。ごらんください。

まとめてノートに書かれた分もあるので少なく見えますが
NASAとJAXA合わせて
5812人分の署名があります
ほう
5812人が

ISSの存続に
賛成してくれました
!?
何だと!?

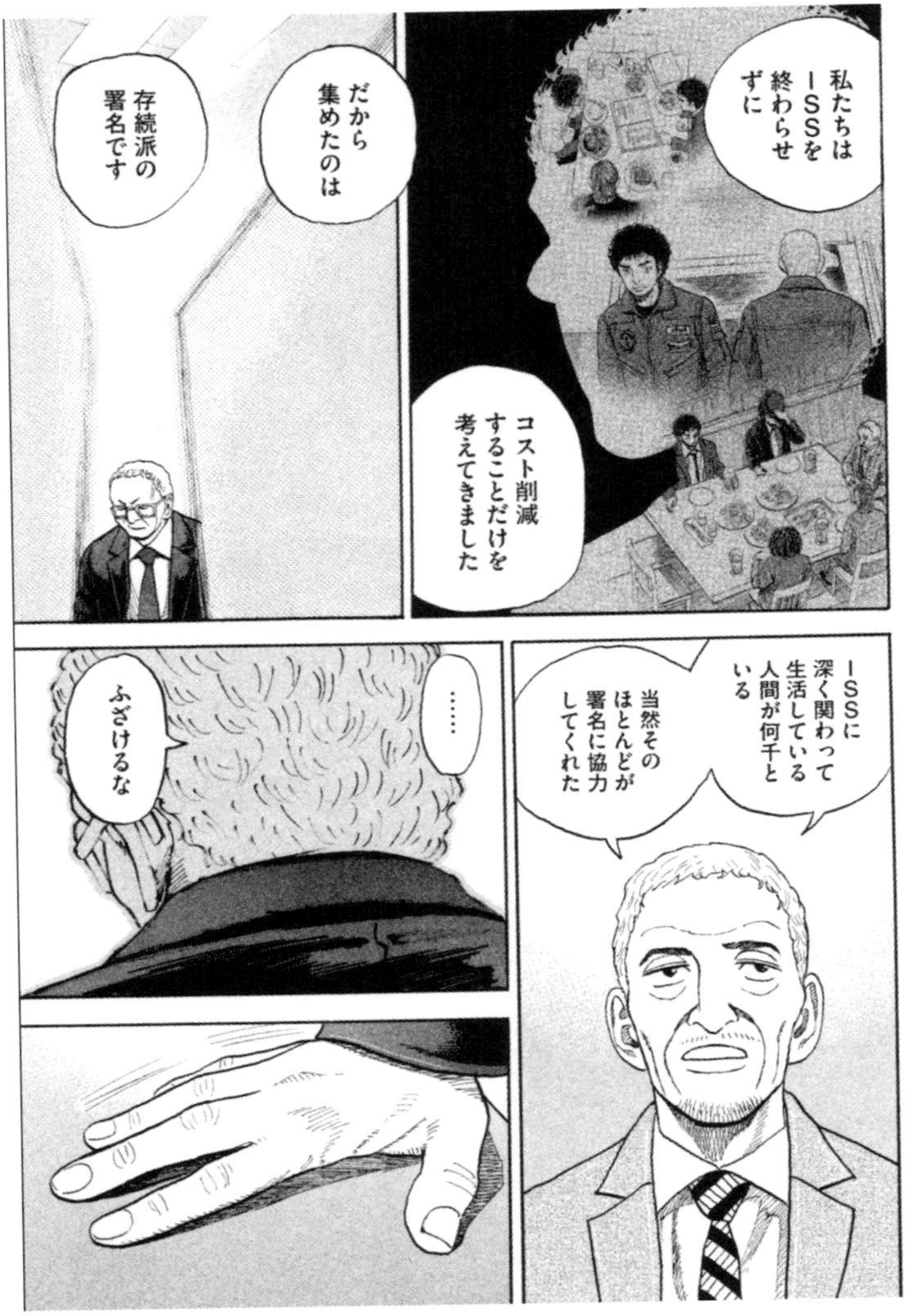
私たちはISSを終わらせずに
コスト削減することだけを考えてきました
だから集めたのは
存続派の署名です
ISSに深く関わって生活している人間が何千といる
当然そのほとんどが署名に協力してくれた
……
ふざけるな

22巻 #206「5812」

極端にリスクを恐れる人の心理とは

ゲイツは、なぜこれほどまでにリスクを嫌がるのか。その理由が語られます。

「宇宙の何が好きですか?」

ムッタの言葉が心に引っかかっていたゲイツは、昔よく通っていたバーを訪れました。宇宙飛行士やNASA関係者など、宇宙に憧れる人たちが集まる店です。そこで、前の店主から経営を引き継ぎ、店のオーナーに転身したかつての同僚、オーウェン・パーカーに再会します。

NASA職員だった頃のパーカーは、部下を信じて仕事を任せることのできる、部下からすれば信頼できる上司でした。ゲイツは、そんなパーカーのことを羨ましく思っていました。ところがパーカーは、重大案件を任せた部下に失踪され、その責任を取って閑職に飛ばされた揚げ句、NASAを去ってしまいます。そんなことがあってから、ゲイツは「パーカーのようにはなりたくない」と失敗を極端に恐れるようになったのです。

16年ぶりに再会したパーカーは、ゲイツの予想に反して、とても精力的に店を経営していました。ゲイツは、ミスをしないことばかりに気を取られ、「一度も仕事を楽しんだことがない」とパーカーに打ち明けます。

君のその
クソマジメな
ところは
君のいい所
であり
君の"力"
でもある
だが"力"っ
てのは
それを注ぐ
方向が肝心
なんだよ
ウォルター
ワシッ
俺の知ってる
君は――
何回失敗
しても
ワシッ
ワシッ
また作り
直していた
……?
「このモジュールの
居住性」がどうだ
「機能性」が
どうだ

22巻 #209「ギャラクシースパイシー」

「〝宇宙〟をテーマに生き、宇宙飛行士たちの救いになる仕事がしたかった」とパーカーは言います。この店の経営を引き継ぐことで、その夢はかなえられている。だから、自分は夢破れた敗者ではないんだ、と。そしてパーカーは、ゲイツの胸にしまわれた情熱を見抜いていました。

「俺の知ってる君は　何回失敗してもまた作り直していた」

「ジオラマを熱心に作っている君は　クソマジメで実に楽しそうだった」

「あのジオラマを現実にするために君はNASAにいるんだと　俺は思っていたよ」

パーカーの言葉で、ゲイツは自分がやるべきことに気づくのです。そして、次のミッションに、ムッタたちジョーカーズを任命します。

「あなたと同じ方向を見ています」と訴える

ゲイツも、うすうすは感じていたはずです。「大事なミッションにこそ、勇気を持って期待の新人を起用すべきなんだ。それが組織を育てる」ということに。でも、理屈では分かっていても、動きたくない――。

そんな相手を動かすには、正面から反論するのではなく、こちらも「情動」でいくしかありません。「壁になる上司」の説得になぜ「情動」が効くのか、もう少し説明しましょう。

こういう人の個性は、先ほども述べた通り、「保全性」の高いタイプと考えられます。つまり、「保全性」の慎重さが、度を過ぎると、「壁」になるわけです。

「保全性」は生まれ持った気質に由来した因子であり、「好き／嫌い」「快／不快」「興味あり／興味なし」といった「情動」が判断軸になります。つまり、「好きだからやりたい」「嫌いだからやりたくない」といった情動が、その人の行動を決めているのです。

ですから、「保全性」の高い人を動かすには、その人の心を揺さぶるに限ります。「保全性」の高い人は、安全な枠組みの中で安心感を覚える傾向があります。その枠組みの中に飛び込んでいき、「私もあなたと同じ思いですよ」「あなたと同じ方向を向いていますよ」といった仲間意識を共有することができれば、説得の可能性は高まります。

例えば、企業が組織変革を仕掛けるときに、理屈でもって大上段から「合理性と危機感」を訴えるよりも、現場に入って、一緒に汗水流しつつ進める方が、「この人は苦労を共有してくれている」「分かってくれている」と社員に支持され、変革が進むケースがあります。それと同じ心理なのです。

ゲイツの場合は、ムッタがその〝直球〟な言動で若かりし頃の夢や情熱を思い出させ、「自分もムッタと同じところがある人間だった」と気づかせたことが、気持ちを動かすきっかけになりました。

「保全性」以外の上司の動かし方

「保全性」以外の上司の動かし方にも触れておきましょう。

「凝縮性」の高い上司は、明確な価値基準を持っています。このタイプの上司が部下の提案に反対するとすれば、自分の正義や理念に反するときです。そこが一致すれば、上司が壁となることはありません。むしろ応援してくれる頼もしい存在になります。

「受容性」の高い上司は、「部下の頼みをなんとか聞いてあげたい」と思っています。ですから、まずは「お願いする」ことです。その際、自分ではなく「お客様や仲間のためになる」と強調すれば、上司は同意して、積極的に応援してくれるでしょう。自分やお客様の感謝をその都度伝えることを忘れずに。「感謝されること」が上司には一番のご褒美です。

「弁別性」の高い上司は、データ重視で、白黒がはっきりしています。部下の提案に合理性があり、筋の通ったものであれば、反対はしません。「弁別性」の高い上司を説得するには、データや根拠をそろえ、合理的な説明をするに限ります。

「拡散性」の高い上司は、とにかく面白いことをやりたいと思っています。部下のアイデアがユニークで面白ければ、「それ、面白いね」と乗ってくるでしょう。

このように、相手の個性によって動かし方は変わってきます。

「保全性」の高い上司を説得したいなら、理屈で押しても相手の防御を固めるだけです。それよりも、彼を動かしている情動に、情動で応じるのが一番。相手の懐にスルリと入り込んで、相手の心を溶かすことです。そうすれば、あなたを阻む壁は消滅するでしょう。

リスク回避をモットーとする上司は、組織的には自然と「安心・安全の要」となっていることが多いものです。その壁を乗り越えれば、味方として防波堤になってくれます。周囲は「慎重なあいつが認めた案件であれば、成功確率は高いな」と思ってくれます。

そしてもし、ご自身が「リスクを避ける上司」になっていると思ったら、是非、『宇宙兄弟』の、ここでご紹介した巻を読んでみてください。まさかの「前向きな発言」で周囲をぎょっとさせたくなるかもしれません。

きっと痛快ですし、気分も晴れることでしょう。

まとめ

・「保全性」の高い人は、理屈で理解しても、リスクを取ることが「生理的に嫌」。
・「保全性」の高い上司を動かすには、情動を揺さぶることが効果的。
・相手の懐に入り込み、「私も同じ思いです」と訴えよう。

22巻 #214「他の誰よりも」

第3章

組織理解
目指すべきリーダー像

「受容・保全」リーダー

Five Factors & Stress

リーダーは強くないとダメなのか？

リーダーのあるべき姿とは、どのようなものでしょうか。「決断できる、強いリーダー」を思い浮かべる人が多いかもしれませんが、ＦＦＳ理論ではそうではなく、その人の個性を活かしたリーダー像があると考えます。ここでは、決断することが苦手な「受容・保全」タイプが目指すべきリーダー像を探ります。

［「凝縮・上司」のブライアン（左）、対照的な兄のエディ（右）］

29巻限定版特典 DVD『宇宙兄弟#0 小山宙哉 Special Edition』のカバーイラストより制作

この章では、組織のリーダーを務める際の「その人らしい、強みを活かせるやり方」を、『宇宙兄弟』とＦＦＳ理論を使って探っていきます。

ところであなたは「リーダーシップ研修」を受けたことがありますか？　受けたことがある人は、ため息をついているかもしれませんね。「リーダーシップが必要なことは分かるけれど、自分にはできないよ……」と。

そもそも「リーダーシップ」とは、何を指し、どんな意味を含んでいるのでしょうか。ハーバード大学ビジネススクールのジョン・コッター教授は、リーダーの役割を「変革を成し遂げること」と定義し、リーダーシップに必要な要素として次のキーワードを挙げています。

・長期的展望　・戦略展開　・攻撃的手法　・組織の変革志向　・ヒートアップ（意志鼓舞）
・投機的リスクに挑戦　・創造／革新　・変化志向　・納期短縮　・品質向上

これらのキーワードから、あるべき姿に向かって組織を変革する「強いリーダー」像がイメージされるのでしょう。では、このような変革型のリーダーシープは、研修を受ければ身につけられるものでしょうか。

私たちは無理だと思っています。

創業者の決断は、必ずしも〝ロジカル〟に見えない

行動経済学の研究では、リーダーシップを発揮できるかどうかは、「個性によるところが大きい」とするデータがあります。また、私自身、これまでにお会いした方々の実績やインタビューで語られる行動と、FFS理論による個性診断の結果を突き合わせると、その人の個性に起因していると考えざるを得ないのです。

例えば、私は仕事柄、創業者にお会いして創業の経緯、顛末をお聞きすることがありますが、「なぜその時、その決断をできたのか」と疑問に思うことが多々あります。

一代で売上高日本一を達成したあるサービス業の創業者は、スタート段階から百数十拠

点での展開を前提として、資本金の大半を物流関連に投資しました。そのため借入金が多く、投資家には評判が悪かったのですが、本人はどこ吹く風。その後、売り上げ・拠点数ともに規模が拡大すると、先行投資による内製化の効果が高利益率となって表れ、投資家の評価は一変しました。成功した今でこそ、「その時の意思決定は正しかった」と証明されましたが、当時の状況では無謀そのものであり、周囲には到底理解されなかったのです。

この創業者に限らず、周りからどう思われようと自分が「正しい」と思う意思決定を行える人たちがいます。彼らの個性をFFS理論で分析すると、個性を構成する5つの因子のうち、「凝縮性」と「拡散性」が高い傾向が見られます。

「凝縮性」の高い人は、明確な価値規範を持つため決断力があり、決断したことをやり遂げる責任感の強さが持ち味です。一方、「拡散性」の高い人は、変化を恐れず推進していく攻めのアプローチが得意です。つまり、前出の創業者の無謀とも思える意思決定は、「凝縮性・拡散性」の2つの因子の特性が顕在化したものだと考えられるのです。

もう一つの例を紹介しましょう。

知り合いがある事業部門の役員になりました。彼は面倒見がよく、部下からの信頼も厚い人です。その事業は売り上げが伸びず停滞気味で、メンバーには元気がなく、部内の空気も淀んでいました。事業部改革のため、彼に白羽の矢が立ったのです。

着任してすぐ、彼はメンバーのサポートに動き回り、部内は明るさを取り戻しました。しかし、事業構造自体に将来性はなく、どこかで撤退の判断が必要でした。彼は、撤退を決めなければならない立場でしたが、メンバーの顔を見ると「彼らのために事業を立て直したい」と思い、撤退に踏み切れません。一方、経営トップからは「なにをもたもたしているのか」と迫られます。本人は板挟みとなり、ついにストレスで体調を崩してしまいました。

彼の個性をFFSで診断したところ、「受容性」が第一因子でした。「受容性」の高い人は、相手の喜びが自分の喜びと感じる傾向があります。相手の役に立つことなら喜んで行動しますが、事業からの撤退はメンバーを悲しませることになるため、彼にはどうしても決断できなかったのです。

よくイメージされる「強いリーダーの決断力」は、訓練や立場によって習得できる技術ではなく、「生得的に持っていた潜在的な能力が、子どもの頃からの体験で鍛えられたもの」である、と我々は考えます。

決断力に限らず、いわゆる「リーダーシップ」に必要な要素として挙げられたキーワードは、ほとんどがこれに当てはまります。

ブライアンの強さは「備わったもの」

『宇宙兄弟』の登場人物にも、「凝縮性・拡散性」の高い（「凝縮・拡散」タイプの）リーダーがいます。NASAの宇宙飛行士、ブライアン・Jです。

多くの宇宙飛行士から、そしてあの破天荒なヒビトからも「親父のような、兄貴のような、友人のような大先輩」として慕われ尊敬されていたブライアン。カリスマ性があり、周りをぐいぐいと引っ張っていくタイプです。彼の強力なリーダーシップが描かれたシーンは、なんといっても3巻で、月面ミッションを終えて帰還する途中、アクシデントに遭遇した際のエピソード「最後の部屋（#21）」だと思います（もちろん、異論は認めます）。ぜひその場面をお見せしたいのですが、大きなネタバレを含みますので、ここではテキストで簡略にご紹介しましょう。

生死に関わる事故のさなか、パニックに陥ってもおかしくない船内でブライアンは、「できることはやろう」と的確な指示を出します。冷静に記録を残すことが「事故調査で役に立つ」と平然と言い放ちます。壮絶なまでの、自らの任務への忠実さ。「凝縮性」の高い人に見られる任務への責任感であり、ブレのなさです。どんな状況でも冷静でいられる強さも感じます。

それだけではありません。ブライアンは、仲間を安心させるための咄嗟のユーモアさえ放ちます。こういうセンスは、困難に打ち勝ってきた経験に培われたものでしょう。「いかなる時も冷静であり、任務に忠実であり、ユーモアも忘れない人」として信頼される、まさに理想のリーダーだと思います。

しかし、どう考えても、誰もがブライアンのような強いリーダーになれるわけはない。彼が強いリーダーシップを発揮できるのは、「研修を受けたり訓練したりした」からではなく、潜在的に「持っていた」ものが、「彼だけの経験」を通して「磨かれた」からなのです。

これは「生得的な能力がなければダメ」だと言いたいわけではありませんので、慌てないでください。こうも言えます。リーダーシップが生得的な潜在力に強く影響を受けているのであれば、誰もが「ブライアンのような強いリーダー」になる必要はないのです。その人が持っているものを、どうリーダーシップに活かすか、と考えるべきなのです。

「安心感を与えるリーダー」もいる

『宇宙兄弟』には、ブライアンと対照的なもう1人のリーダーが登場します。ブライアンの兄であるエディ・Jです。

ブライアンとともに、宇宙飛行士やNASAスタッフから憧れと尊敬を集める存在です。

ただし、カリスマ性の強いブライアンとは違い、「温和なリーダー」として愛されています。『宇宙兄弟』の主人公、宇宙飛行士・南波六太（ムッタ）が、エディに出会うシーンを見てみましょう。

ムッタは、月ミッションに任命された「ジョーカーズ」の一員です。このチームは、個性豊かと言えば聞こえはいいですが、一癖も二癖もある問題児の寄せ集めです。だから、トランプの「ハズレ」の意味を込めて「ジョーカーズ」と名づけられました。彼らのまとめ役を任されたのが、ベテラン宇宙飛行士のエディです。

その彼の第一声が面白いのです。

「リーダーってっても俺も月は初心者だ　君らと同じ」

「だから初めて月に立った時　その喜びも君らと同じだろう」

「ともに　月に立とう」

このエディの言葉から、彼はメンバーを見守り、メンバーの自律を促すような関わり方をするリーダーだとわかります。また、皆に対して分け隔てなく、平等な関係を築ける人でもあります。

ムッタはエディを「安心と興奮を与えてくれる人」だと感じました。

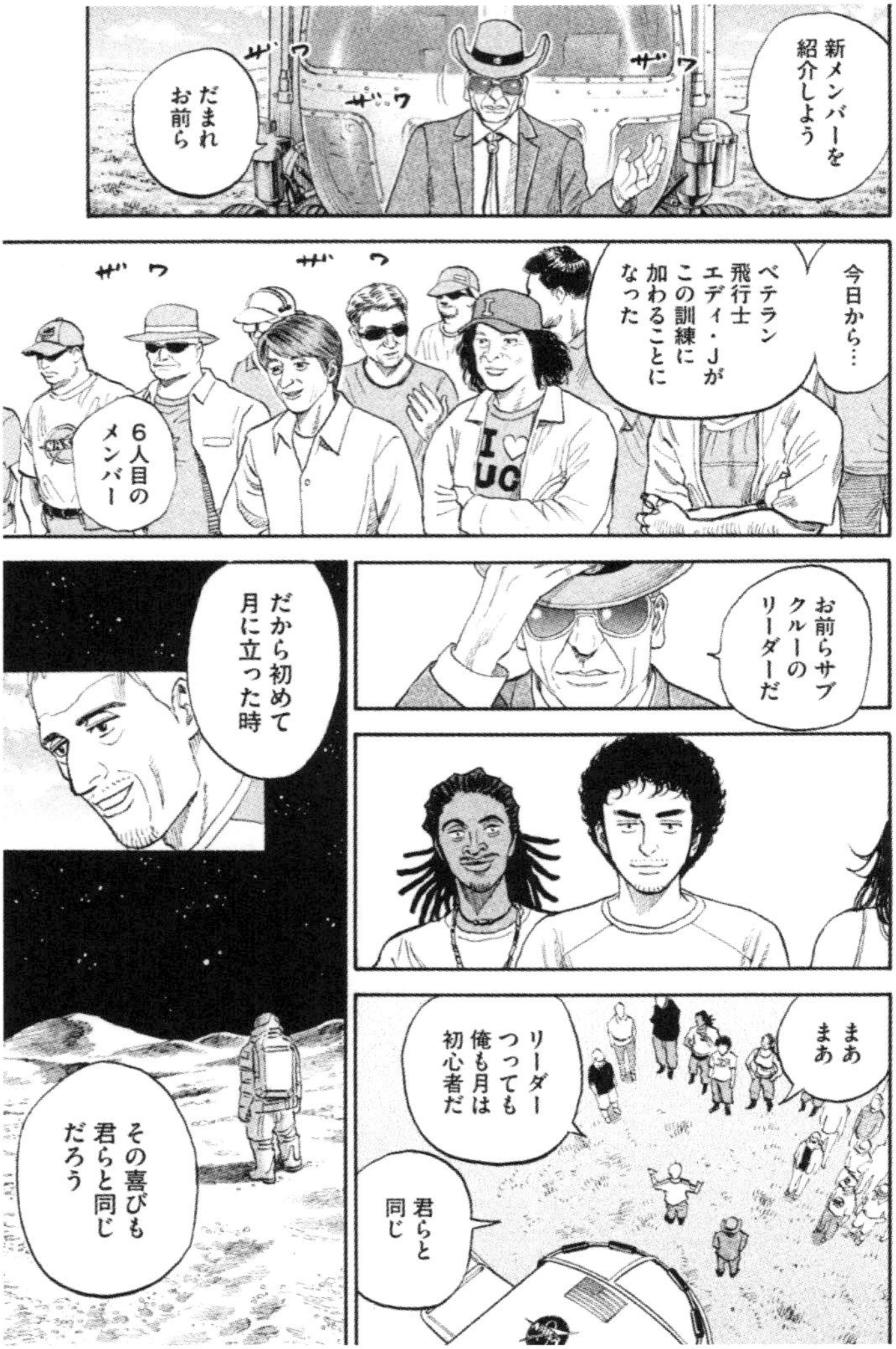
新メンバーを紹介しよう
ザワ
ザワ
ザワ
だまれお前ら
今日から…
ベテラン飛行士エディ・Jがこの訓練に加わることになった
ザワ
ザワ
6人目のメンバー
お前らサブクルーのリーダーだ
だから初めて月に立った時
まあまあ
リーダーっても俺も月は初心者だ
君らと同じ
その喜びも君らと同じだろう

18巻 #176「安心と興奮」

エディのリーダーシップは、コッター教授の定義する変革型リーダーシップではなく、奉仕して導くスタイルの「サーバント・リーダーシップ」に近いと言えます。

ここで、サーバント・リーダーシップのキーワードを見てみましょう。

・傾聴　・共感　・癒し　・気づき　・説得　・概念化　・見通し　・予見力　・執事役
・人びとの成長にかかわる　・コミュニティづくり

「これなら自分にもできそう」「いつも実践していることだ」と感じた人も多いのではないでしょうか。日本人が参考にすべきは、エディのようなリーダーシップ、すなわちサーバント・リーダーシップです。なぜなら、サーバント・リーダーシップに求められる素質を、多くの日本人は潜在的に「持っている」からです。

多くの日本人が「持っている」もの

このグラフをご覧ください。日本人と米国人を2万人ずつランダムに抽出し、因子の平均値を日米で比較してみました。

米国人の平均値をみると、「凝縮性」「弁別性」「拡散性」が高いことがわかります。つまり、

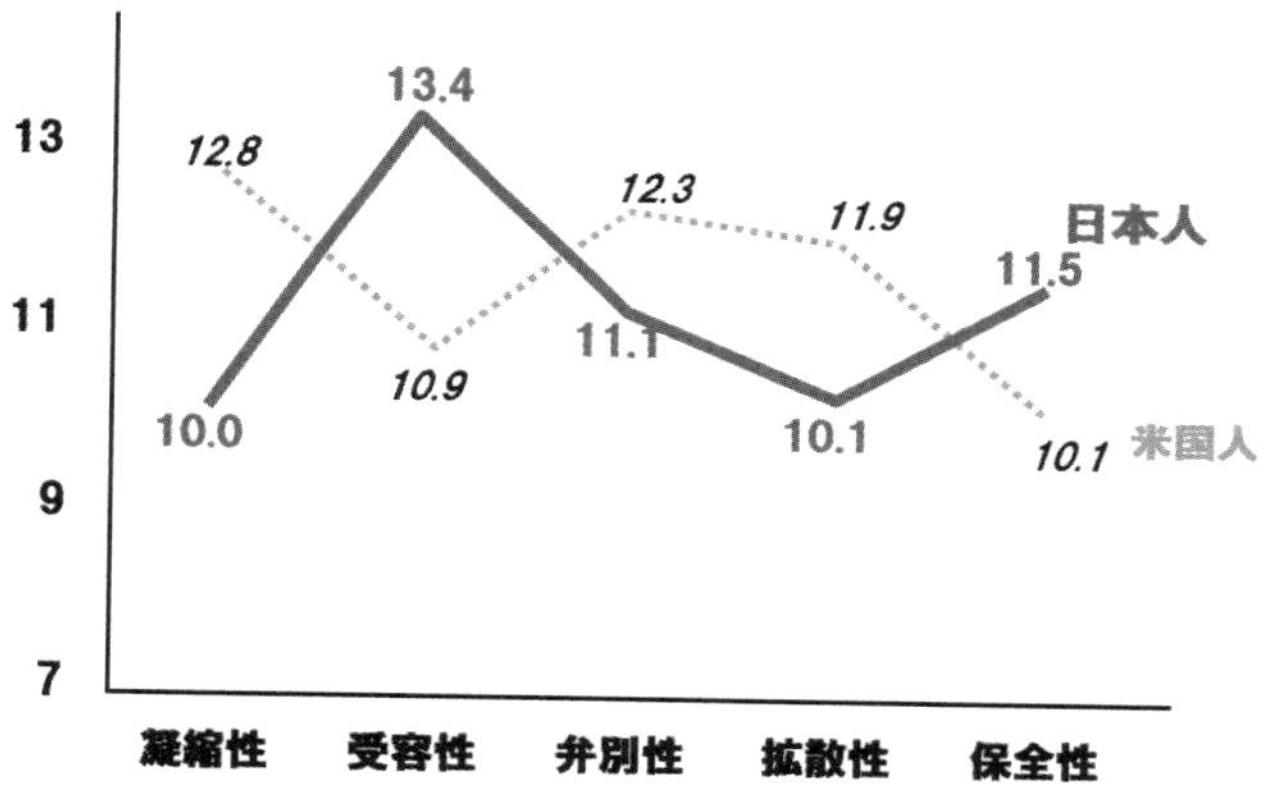

こだわりが強く（凝縮性）、合理的に白黒はっきりと分け（弁別性）、変革を推進していこうとする（拡散性）のが平均的な米国人像といえます。

それに対して、日本人の平均値から見えてくるのは、「受容性」と「保全性」の高さです。つまり、周りや相手を柔軟に受け容れて（受容性）、仕組化させつつ、継続的に維持改善していく（保全性）。これが平均的な日本人像です。何となく日頃から語られる民族性が表れていると思いませんか。

『宇宙兄弟』で言えば、米国人的な個性の代表がブライアン、日本人的な個性の代表がエディ。このように語ることができるのです。

先ほどの2つのリーダーシップのキーワードを改めて解釈すると、変革型リーダーシップは「凝縮性・拡散性」、サーバント・リーダーシップは「受容性・保全性」に関連づけることができます。

変革型リーダーシップ

キーワード（FFS的解釈）	関連する因子
長期的展望（あるべき姿）	凝縮性
戦略展開（戦略的）	拡散性
攻撃的手法（攻撃的）	拡散性
組織の変革志向（ゼロベース発想）	拡散性
ヒートアップ［意志鼓舞］（使命感）	凝縮性
投機的リスクに挑戦（リスクを恐れない）	拡散性
創造／革新（創造的）	拡散性
変化志向（変化を好む）	拡散性
納期短縮（納期へのこだわり）	凝縮性
品質向上（品質へのこだわり）	凝縮性

サーバント・リーダーシップ

傾聴（肯定的）→ 受容性
共感（共感的）→ 受容性
癒し（安定している）→ 保全性
気づき（観察力）→ 受容性
説得（納得を引き出す）→ 受容性
概念化※（体系化）→ 保全性
見通し※（積み上げ）→ 保全性
予見力※（継続性）→ 保全性
執事役（面倒見の良さ）→ 受容性
人びとの成長にかかわる（養育的）→ 受容性
コミュニティづくり（協調的）→ 保全性

※は体験に基づくセンスの良さが問われる

我々日本人が、エディのようなサーバント・リーダーシップを目指すべき理由がお分かりいただけたでしょうか。

もちろん、これは日本人の平均値でみたときの話です。日本人の中にも、「拡散性」や「凝縮性」の高い人はいます。これらの方々は、ブライアン型の強いリーダーシップを発揮できる素質を備えています。

「受容・保全」タイプのリーダーシップ

『宇宙兄弟』に描かれるエディの言動から、サーバント・リーダーシップのあり方を見ていきます。

エディがリーダーを任されたジョーカーズは、何をするにもメンバーがバラバラ。月ミッションを想定した砂漠での訓練でも、朝のジョギングさえ各人が好き勝手に走ります。チームで動くという意識がまるでないのです。そんなチームを、エディはどうやってまとめていったのでしょうか。

彼は決して、強い指導力を発揮したわけではありません。まずメンバーに提案したのは、料理の担当を決めること。それから、ジョギングのやり方にゲーム性を加えて、「一緒に走ったほうがムダなく合理的」と思わせたこと。また、メンバーをキャンプファイヤーに誘い、お互いを理解する時間も作りました。日常での行動を少しずつ変えながら、チームの一体感を醸成していったのです。

宇宙飛行士としての経験が豊富なエディは、これまでに様々なタイプのメンバーとチームを組んできたはずです。そこで蓄積されたチーム運営の知恵やノウハウも、ジョーカーズのメンバーをまとめるうえで強みになった、と考えられます。

経験の積み重ねが活かされたり、工夫改善しながらチームを運営したりするところは、エディの「保全性」の高さが発揮されている部分です。

共通の敵が現れたことも、チームの結束を強めました。宇宙飛行士の任命権を握るNASAプログラムマネージャーのウォルター・ゲイツが、次の月ミッションからジョーカーズを外すと言い出しました。「はぐれ者を寄せ集めたチーム」であることを問題視したのです。しかも、再任命の条件として、「2カ月以内に運営コストの1億ドル削減」という難題をふっかけてきました（248ページ参照）。

次のミッションでは、ムッタが敬愛する天文学者・シャロンが考案した月面天文台の建設が予定されていました。

何としてもミッションを取り戻したいムッタ。しかし、その方策を見つけることができません。彼は、諦めきれない思いをエディに打ち明けます。

どうしてもね
やりたいんだよ… "シャロン天文台"は
……
あぁ
まだ…全く道は見えてねぇけどな
ムッタ…
とりあえず——
よく俺に——
話してくれた

21巻 #198「1億ドル」

ムッタがエディに安心して悩みを打ち明けられるのは、エディがムッタの話に耳を傾け、共感してくれるからです。「傾聴」と「共感」は「受容性」のキーワードです。エディは、ムッタの悩みを受け止めて、一緒になって考え、行動してくれるリーダーなのです。

もし、「凝縮・拡散」タイプのブライアンだったら、「分かった、俺に任せておけ」と言いそうです。そして、チームを守るために、ブライアン自らがゲイツと交渉したと思います。チームとして決断するときも、メンバーの合意形成を大事にするのがエディ流です。

次ページに紹介するのは、ムッタがコスト削減のためのアイデアを思いつき、そのための協力をメンバーに依頼する場面です。ムッタのアイデアを聞いて、まず賛同したのがエディでした。

「やってみるか！」

エディは、常に問いかけるスタイルです。ムッタの話を聞いて、「俺がやる。任せろ」でもなく、「よし、やろう」と決めるわけでもありません。「やってみるか」と問いかけているのです。

それに対し、メンバーは「髪型変えなくていいんならやるよ！」「同じく」と同意しています。メンバー個々の自主性を重んじているのです。相手のことを認めて、その気にさせて導くやり方は、「受容性」の高い人が得意とするアプローチです。

確かにそれなら
人件費と訓練コストの縮小にもなるし
ジョーカーズのアピールにもなる
やってみるか!
だけどそこまでやっても相手にされなかったら
まったくのムダになるよ
やってきた仕事が白紙になるなんてことは
宇宙開発やってりゃ日常茶飯事だ
髪型変えなくていいんならやるよ!
同じく
よし!

21巻　#200「白紙」

今回のテーマからは余談ですが、エディからは合理的に物事を割り切る「弁別性」の高さも感じます。メンバーの意見を聞きながら合理的な判断ができるのも、リーダーとしての安心感につながっています。

日本流のリーダーを目指せ

「受容・保全」タイプのリーダーシップをまとめると、次のようになります。

このタイプの人は、面倒見がよく、協調性があります。チーム環境を整え、改善を繰り返しながら全体の底上げを図りつつ、チームを運営していくことができます。部下を見守りながら、それぞれに合ったサポートをしながら育んでいく。そんな安心感を与えられるリーダーになれるでしょう。

急な変更や想定外の事態に対して冷静さを欠くことがこのタイプの弱点ですが、対策として、担当業務を熟知しておくことはもちろん、知識やノウハウを体系化し、計画的に準備しておけば、突発的な事態にも不安なく対応することができるはずです。これは「保全性」の高い人ならば、得意技です。

日本人に向いているのは、「安心感を与えられるリーダー」です。ご自身が「典型的な日本人だな」と思う方は、ぜひエディのリーダーシップを参考にしてみてください。

最近は、生産性の高い組織の必要条件として、「心理的安全性」というキーワードをよく耳にするようになりました。一言で説明すると「対人関係において、反論したり、疑問を投げかけたり、自分の弱みをさらけ出したりしても、不安を感じない状態・関係であること」です。これはグーグルが自社のチームを分析して、「成果を出すチームでは『心理的安全性』が担保されていた」という検証から提唱した概念です。日本企業では、「うちの職場はみんな仲がいい」「友達付き合いしてくれる上司がいる」、だから心理的安全性が確保されている——と少し誤解されていますが……。

「心理的安全性」を担保するうえでリーダーに求められるのは、自ら決断して率先垂範する強さよりも、メンバーがフラットに話し合える環境をつくり、皆の合意のもと物事を進めていく安心感です。リーダーの役割は、議論を推進するチェアマンに近いのです。

まとめ

- 変革型の強いリーダーシップは、日本人の多くには向かない。
- 「受容・保全」タイプは、サーバント型リーダーを目指すのがよい。
- 傾聴と共感による合意形成、仕組み化によるチーム運営に強みを発揮しよう。

18巻 #177「ワクワクチームワーク」

「凝縮性」リーダー

Five Factors & Stress

「お前、もういいよ」とつい言っていませんか

「強いリーダーシップ」の基となる因子の一つが「凝縮性」です。ただし、使い方を間違えると、強みであるはずの責任感や親心が相手に伝わらず、ただの高圧的な人と思われてしまいます。「凝縮性」の高い人は、これから述べるたった一つのことを心がけてください。それだけで、部下に信頼されるリーダーになれるでしょう。

「凝縮性」は自分のルールを持っている

部下に任せた仕事がうまくいかなかったとき、あなたならどうしますか？

「大丈夫？　問題があればいつでも相談して」と部下に助け舟を出しながら、部下が自分で問題を乗り越えられるよう忍耐強くサポートする。これが、イマドキの上司に求められる姿勢かもしれません。

しかし、ごくまれに、「お前、もうやらなくていいよ」と仕事を取り上げる上司がいます。取り上げられた部下は傷つきます。自分の能力を否定された、もしくは存在を否定されたと感じるからです。相手がラインの上司ともなれば、立場を利用した高圧的な態度に感じられることもあります。部下がしかるべき部門に通報すれば、「パワハラ」と認定されるかもしれません。

最近、この手の相談が増えています。「高圧的な態度で仕事を取り上げられた」と感じた部下の訴えによって、上司に「パワハラ疑惑」がかけられる。その結果、賞罰の対象になった上司が「私がやったことって、本当にパワハラだったのでしょうか?」と、相談に来られるわけです。こういう相談をしてくる人の個性をFFS理論で分析すると、共通して「凝縮性」が高いことが分かりました。そして本人に悪気はなく、むしろ上司としての責任感から出た言葉だったことが多かったのです。

日本社会では少数派

43ページでも述べましたが、「凝縮性」は、人の個性を構成する5つの因子のうちの1つで、「何々すべきだ」や「こうあるべきだ」といった価値観の強さを表します。一般的に「凝縮性」の高い人は、明確な価値基準があり、主義・主張がはっきりしています。責任感や正義感の強さも「凝縮性」の特性です。

日本企業の風土は、価値観や規範などを「決めつける」ことが少なく、なあなあな空気に流れがちです。その中で、「責任を取ります」とか「これが正義です」などとキッパリと言い切る人は、「波風を立てる人」と、マイナスの評価をされてしまいがち。しかも、日本では、「凝縮性」の高い人は極めて少数です。「凝縮性」の高い人は、その絶対数の少なさから、周囲になかなか理解されにくい個性の持ち主なのです。

このタイプの上司に出会うことが少ないので、部下も心中を推し量ることが難しく、言われたことをそのまま受け止めて、ダメージを受けてしまうわけです。

あなたが「凝縮性」が高く、しかもリーダーの立場にある、あるいは、これから目指す、ということならば、なによりも自己理解に努めてください。そして、他者（日本ならば「受容性」「保全性」が高い人が多い）に、自分の言動がどう受け止められるのかを把握しておくことをおすすめします。

「凝縮性」の高い人が、どういう流れから、他人に「高圧的」と受け取られるような行動に出てしまいがちなのか、見てみましょう。

「凝縮性」の高い上司側の論理は、「責任の所在は自分にある」です。部下が仕事を成し遂げられなかったのは、部下を任命した自分の責任だと考え、その責任を取ろうとします。

また、「部下は守るべき存在」と思っている上司も多いはずです。高圧的だと感じている部下には、まったく理解されていないかもしれませんが、「本人に失敗を経験させたくない」「マイナスの評価を避けてあげたい」という親心もあるのです。

これらをひっくるめて、「最終的に自分が責任を取る」と覚悟を決めているのが、「凝縮性」の高い上司です。したがって、結果を出せなかった部下から「仕事を引き取り」、「別の部下に任せる」のは当然の対応なのです。それがその人の責任の取り方であり、周囲への配慮だからです。「部下から事情を聴いて、状況に応じてサポート」といった調整的な対応はしません。納期遅れや失敗などの結果が出た時点で、すぐに決断を下します。「結果が出なければやめる」と決めているのです。決断の冷厳さも「凝縮性」の特性です。

親心が「パワハラだ」と思われてしまう

しかし、この上司の親心、言い換えれば「凝縮性なりの優しさ」は、部下にはなかなか理解されません。両者にとってつらいところです。

日本の場合、「受容性」の高い人が多いことも問題を大きくします。「受容性」の特性は、「受け容れる」ことです。仕事で困っている人がいれば手を差し伸べ、何とか助けになりたいと思う。そういう特性を持つ部下からすれば、仕事を取り上げられることは、自分の貢献を全面的に拒否しようとする「非情」な行い。この上司はためらわず自分を切り捨てる「排他的で非情な人」だ――こうしてパワハラの誤解が生まれてしまうのです。

「凝縮性」の高い、パワハラ疑惑の当事者に話を聞くと、彼らは決まってこう言います。「自分は当たり前のことをしただけです。疑惑を持たれること自体が解せません」

そこで私は質問します。「気持ちは分かりますが、なぜあなたがそういう対応をするのか、部下に理由をちゃんと伝えましたか?」

するとと、「皆プロなんだから、仕事を受けた以上、結果を出すのは当たり前。出せなかったら迷惑がかからないように、他に任すのも当たり前。説明する必要なし」と答えます。「凝縮性」のこだわりの強さが悪いほうに表出すると、こうなるわけです。

では「凝縮性」が高いと、部下と良好な関係性を築くのは難しいのでしょうか。もちろんそんなことはありません。「凝縮性」が高く、部下に慕われる優秀なリーダー像を、『宇宙兄弟』の登場人物、NASA宇宙飛行士のブライアン・Jで見てみましょう。強力なリーダーシップと周りへの配慮で、宇宙飛行士やNASAスタッフからの憧れと尊敬を集めています。人間的な魅力に溢れた人物です。

なぜ、私たちがブライアンを「凝縮性が高い」と分析するかといえば、彼は「人を信じる基準」をはっきりと言い切るからです。

彼には、相手にいつも「死ぬ覚悟はあるか」と質問します。冒頭のシーンのように。ここで尋ねられている相手は、彼の薫陶を受けた日本人宇宙飛行士、吾妻滝生(アズマ、205ページも参照)。彼もまた、「凝縮性」が高い人です。

死と隣り合わせの職業だからこその、究極の質問です。これに相手がどう答えるかによって、ブライアンは相手を「信じるか」「信じないか」を決めているのです。

「信じる」か「信じないか」が明確

この「信じる」「信じない」というフレーズを好んで使うのも、「凝縮性」の高い人の特徴です。そこには自分なりの「正義の基準」があり、基準に合っているものはすべて「正義」。誰でも信じるわけではなく、基準に合う人だけを「信じるに値する人」と明確に決めているのです。

一方、「みんないい人」と信じやすいのは「受容性」の高い人です。そして、「受容性」には「信じない」もないのです。

こんなブライアンが仲間やスタッフにどう接しているのか。彼を尊敬するアズマに登場してもらいましょう。

アズマは、国際宇宙ステーション（ＩＳＳ）での長期滞在の経験があり、合計50時間を超える船外活動の実績を持っている、日本の宇宙飛行士としては最もベテランで評価も高い男です。

彼は今、ブライアンから「死ぬ覚悟はあるか」と問われたことを思い出しています。

かつて自分がブライアンから示された、「信じる・信じないの基準」を噛みしめているところです。

シュルル
ブライアン……
宇宙飛行士として
プライドのない
答えかも
しれませんが……
死ぬ覚悟は
ありません
考えるなら
生きることを
考えます
そうか
それで
いいぞ
アズマ

たいていの飛行士は
〝YES〟と答える
けどな
口では何とでも
言える
薄っぺらい
〝YES〟だ
死ぬ覚悟
なんて
いらねえぞ
必要なのは
〝生きる覚悟〟だ
〝NO〟と
言える奴が
いたら
そいつは
信じていい
ザッ

「相手に合わせる」ことにも正義はあると知る

「月を回った初の日本人」として一躍有名になったアズマ。「次は月面歩行だ」と国内のマスコミや世間から期待され、彼をヒーロー扱いする報道も過熱する一方でした。

しかし、アズマ本人は「英雄」に祭り上げられることを望んでいないし、「日本人初」の称号も、実は重圧でしかなかったのです。

ブライアンは、そんなアズマの繊細さに気づいていました。彼を重圧から解放するため、こう伝えます。

「俺に任せろ」

「日本人初のムーンウォーカーにはヒビトを推薦しておく」

俺に任せろ――。これこそが責任感の強い「凝縮性」の親心です。

しかし、この言葉だけで止めたら、相手はどう思うでしょうか。上司の判断で、「日本人初」という名誉ある任務から外されるわけです。「自分はこの人から信頼されていないのだろうか」「能力が疑われているのでは」と、不安を感じ、その先の仕事へのモチベーションを失うかもしれません。

そこでブライアンは、アズマではなくヒビトを推す理由を説明するのです。

「日本の歴史に名が残る」とか
「日本の評価を決める重大な役割」とかさ
そんな重圧
気になって宇宙で楽しめねえだろお前
そんなもんまでお前が背負う必要はないぞアズマ
シャクッ
なっ
………
俺に任せろ
日本人初となるムーンウォーカーには
ヒビトを推薦しておく
ヒビト《あいつ》は地上にいる時でもまるでハートはゼロ・Gみたいな奴だ
プカプカフワフワと
重圧なんてものは背負わず
………!

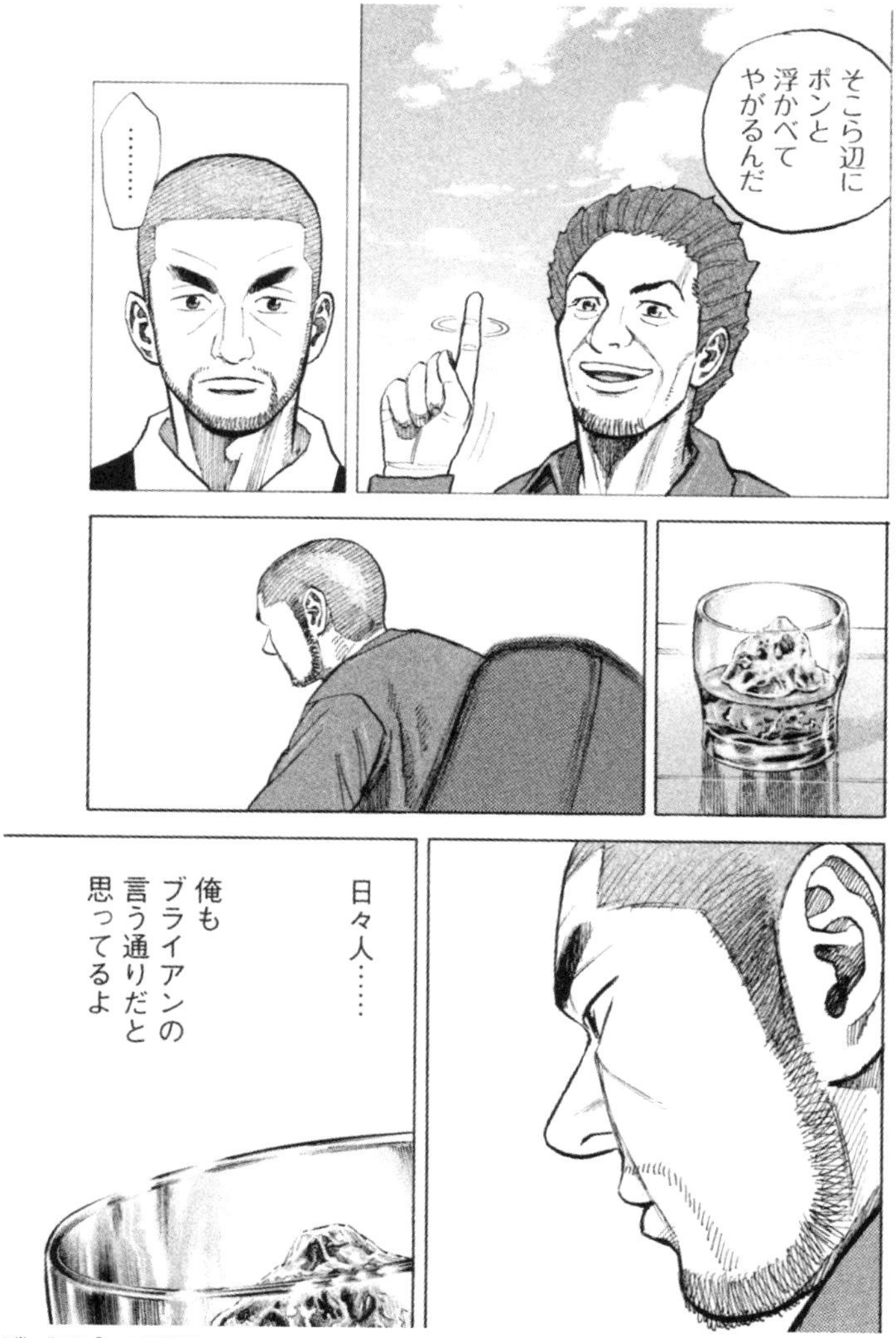
そこら辺にポンと浮かべてやがるんだ
……
日々人……
俺もブライアンの言う通りだと思ってるよ

6巻 #52「一つの質問」

「気になって宇宙で楽しめねえだろ　そんなもんまでお前が背負う必要はないぞ」

相手の個性を理解して、動機づけを行い、さらには相手の心情を気遣い、相手に合わせた対応をする。ブライアンの対応は上司の鑑です。

「凝縮・上司」はここを学ぶべし

とはいえ、このブライアンの物言いも、取り方によれば「パワハラ」と感じられるかもしれません。彼の誤解を受けない振る舞いは、「凝縮・上司」がぜひ学びたいところです。

かく言う私、そしてこの企画のプロデューサーである佐渡島庸平さんも、「凝縮性」の高い人です。2人とも主張しすぎる個性なので、日本社会では誤解されたり、煙たがられたり、「かくあるべき」を主張して社内全員から嫌われ四面楚歌になったり、上司に向かって「そもそも、それは正しくありません」と主張して、しばらく口を利いてもらえなくなったり。そんな経験が何度もありました……思わず苦い思い出が蘇ってしまいましたが、本題の「凝縮・上司」の言動がパワハラと誤解されないためにどうすればよいのか。

ブライアンの場合は、誰に対しても気さくで陽気なキャラクターです。多少キツいことを言っても笑って受け止めやられすい。彼は「凝縮性」に次いで「受容性」も高いことが理由だと思われます。

来てやったぞ
ヒビト
大先輩
ブライアン・Jが
わざわざ
来てやったぞ
別に……
「来て」とか
頼んで
ねーのに…
助けてやるよ
ヒビト
どこがわかん
ねーんだ?
いいよ
自分で
やるから
何だよ
助け
させろよ

親父のような
兄貴のような
あるいは
友人のような
大先輩

9巻　#83「兄弟」

個性に頼らずに誤解を避けるとしたら、答えはこれしかありません。

自分が決めたことや、主張する理由を丁寧に説明することです。なぜこの価値観にこだわっているのかを、理解してもらうことです。「言動の裏にそんな背景や思いがあったのか」と相手に共感してもらえれば、決定に不満を唱えられることは限りなく減ります。あまりに当たり前ですが、それができないくらい、（自分も含めて）このタイプの人の「自分の信念」へのこだわりは強いのです。

そんな自分のこだわりは「実は、小さい、狭いものではないか」と真摯に省みることも大事です。上司として部下を導く立場であれば、広い視野を持ち、相手に合わせたコミュニケーションも必要です。自らを広げていくことが、「凝縮・上司」の洗練につながります。

「もういいよ」と言われて凹む前に

逆の視点からも一言。「凝縮性」の高い上司に「もういいよ」と言われたら、気持ちをいったんは抑えて、「自分に『もういい』と言われる理由はないのか」と考えてみてください。どこが足りていなかったのかを相談すれば、必ず明確に指摘してくれます。あるいは「こういう点を心配していた」と教えてくれるでしょう。

自分は「凝縮性」が高そうだと感じている方は、「当たり前のこと」を説明するのをおっくうがらないでください。周囲にあなたの「正義の基準」を理解してもらえれば、パワハラ上司どころか、ブライアンのように頼りがいのある人間に映るはずです。

まとめ

- 「凝縮・上司」は、「こうあるべき」という強い信念のもと物事を進めがち。
- 「こうあるべき」の理由を知らされない部下は、上司をただ「高圧的」と感じる。
- 「凝縮・上司」は、「こうあるべき」の理由を丁寧に説明しよう。

「受容性」リーダー

Five Factors & Stress

「いい人と思われたい」気持ちが殺すもの

「受容性」の高いリーダーの強みは、相手の気持ちに寄り添いながら、部下を支援できることです。しかし、その面倒見の良さは、一歩間違えると、自己満足のためのお節介になりかねません。事実、近年は無自覚なお節介上司が急増中。「受容性」の特性をプラスに活かすには、ちょっとしたコツが必要です。

シャロンは決してお節介を焼かない

9巻 #87「シャロン」

「欧米型の強いリーダー像にとらわれず、サーバント型リーダー像を指向しては」と、276ページで申し上げました。

これは「メンバーの話を聞き、してほしいことをやってあげる」面を持ちますが「ひたすらいい人であればよい」という意味ではありません。言わずもがなのことに思えますよね。でも、今、日本の組織で猛威をふるい始めているのが、「いい人と思われたい上司」なのです。職場で人が育たない一番の原因、とさえ言えます。

このタイプの上司は、大抵、「優しくて面倒見のいい上司」と思われています。それはたいへん結構なことじゃないか、と思われる方も多いかもしれません。サーバント型との相性もよさそうです。そう、優しくて面倒見がいい、ＦＦＳ理論でいえば「受容性」が高い人は、優秀なサーバント型リーダーになる可能性があります。

しかし一方で、組織を、部下を殺してしまう上司になる危険性も持ち合わせているのです。

面倒を見ることが自分の「自己承認」に

まず、「受容性」の高い人にとって、「面倒見がいい」とは、どういうことなのかを考えてみましょう。

これまでお話ししてきたとおり、「受容性」の高い人は、「相手が喜ぶことや、相手が元気な状態に貢献できることが一番の喜び」です。例えば、元気のない人を見かけると、気になって「なんとかしてあげよう」と行動に移します。それで相手が元気になると、「元気な姿を見るだけでいい」とか、「自分もうれしい」などと喜びます。

ただ、それは同時に、「自分が役に立っている」実感を伴うので、「人の面倒を見ることで、自らの存在を確認できている」という側面もあるのです。面倒を見ることは、自己承認に欠かせない行動なのです。

この実感を求めすぎると、面倒見のよさが裏目に出ることもあります。相手から反応がないと、それがストレスの原因となり、なんとしても相手の役に立とう（そして、感謝された、という実感を得よう）と、過剰にお世話したがる。つまり、お節介になるのです。相談されてもいないのに、つい手を差し伸べたり、相手に肩入れしたりします。

私が問題だと思うのは、自らの存在を感じるために、「優しい上司」や「面倒見のいい上司」、さらには「お節介な上司」に陥っているケースが多いことです。最近は360度評価の導入も進み、上司も部下からの評価を気にすることも、「よい人と思われたい上司」が増えている一因かもしれません。

例えば営業の場合、難しいお客さんを抱えた部下を心配して、上司が一緒について行きます。あるいは、クレーム処理に同行し、部下と一緒に頭を下げたりします。また、開発部門のエンジニアなら、部下の仕事を手伝ってあげます。場合によっては、上司が自分で仕上げることもあります。部下がミスをしても気持ちをおもんぱかって、何も言っていないのに「落ち込んでいるようだ、反省してるんだな」と好意的に解釈して、叱責も指導もせずに終わらせてしまいます。

こうした上司の「優しさ」が、なぜ部下育成には逆効果なのか。マネジメント経験のある方ならおわかりと思いますが、理由をまとめておきましょう。

1つは、成長するには「自らの限界を知る」という経験が必要だから、です。営業なら、難易度の高い交渉事に直面して初めて、頭脳に汗をかく経験ができます。どうすれば相手の首を縦に振らせることができるのか、必死に考えるでしょう。どんな仕事であれ、壁にぶつかって追い込まれたときに、自分でどう乗り越えようかともがき苦しむ経験が重要です。追い込まれた状況を振り返り、反省したり内省したりするのも、自己と対峙する貴重な機会です。しかし、上司が「優しさ」を勘違いしてお節介を焼けば、その機会が失われてしまうのです。

相手の気づきと自立を促すのが、上司の役割

上司の「優しさ」が部下育成を妨げるもう1つの理由は、自分にも部下にも「甘え」が生まれることにあります。

上司が手を貸しても、結果が出なかった場合を考えてみます。上司は、自分で関与したことなので、結果が芳しくなくても、「まあ、いいよね」「こんなものだろう」と甘い評価になりがちです。その結果、部下も「このレベルでいいんだ」と低いレベルで納得してしまうのです。特に経験が浅く、洗練されていないマネジャーは、こういう「甘えの構造」に陥りやすいのです。首尾よく結果が出ても、結果が出なくても、部下の成長機会を奪うことになってしまいます。

上司が備えるべき「本当の優しさ」とは、どのようなものでしょうか。本当の優しさと

は、「部下の自立を促す」ことに他なりません。「自立を促す」とは、親元からの「巣立ち」を応援することです。巣立ちができたかどうかの評価は、長期的なスパンでしか測れません。日々の付き合いや評価が気になると、部下に優しく接したくなりますが、それは近視眼的で、「人を育んでいく企業文化作り」とは真逆の方向です。

前に申し上げましたが、日本人は「受容・保全」の因子が優勢な人が多数派なので、「優しさ」がどうしても表に出てきます。これは、当然ですが決して悪いことではなく、むしろ誇るべき特徴でしょう。ただしその分、「部下の育成」は日本の会社にとって難しい課題となるわけです。

では「受容性」の高いリーダーはどうすべきでしょうか。求められているのは、「優しさ」を勘違いしないことです。その場限りの優しさは、単に甘いだけで、部下の自立を促していません。子離れができない親にも通じます。

「受容・上司」の理想像を知りたいなら、『宇宙兄弟』の2人の主人公、南波六太（ムッタ）と南波日々人（ヒビト）の第二の母ともいえる、天文学者・金子シャロンがいいお手本になります。人に対して寛容で愛情深いシャロンは、「受容性」の高いタイプだと私たちは見ています。

ムッタに対するシャロンの接し方を見てみましょう。ＪＡＸＡの宇宙飛行士選抜試験に挑戦するムッタは、書類選考に通過したものの、自信がなく、1次審査を受けるかどうか迷っています。そんなとき、シャロンの家を訪ねました。

理想的な「受容・上司」、シャロン

「(1次審査を)受けないんだよ」と言い出すムッタ。「どうして?」と問うシャロンに「俺程度の人間はふるい落とされるって分かってるから」と言い出します。

「315人中2人か3人だよ飛行士になれんのなんて」「無理だよ」

そんな弱音を吐くムッタ。

シャロンは、兄弟と楽器でセッションした昔を思い出しながら、ピアノを弾いていましたが、「久しぶりにセッションしてみようか」とムッタを誘います。

「ここにトランペットがあります」「ピアノもあります」「ギターも太鼓も」「ハーモニカもあります」「どれをやってみたい?」

ムッタに当時のことを思い出させようとしたのです。子供の頃、ムッタは楽器を選ぶ際に、「全部やってみないと決められない」と1時間かけて全ての楽器の音を鳴らしました。その中からトランペットを選んだのは、一番音が出にくい楽器だったからです(66ページ参照)。

この中で一番……
音が出にくい
昔のあなたってそんな子だったよ
なんにでもどんどん挑戦して難しいことを選んだ
……
そ……そうだったかなぁ
トランペット選んだのは単に一番金ピカだったからじゃないかなぁ
それならそれでいいのよ

1巻 #2「俺の金ピカ」

「昔のあなたってそんな子だったよ」と、シャロン。「なんにでもどんどん挑戦して　難しいことを選んだ」。ムッタはシャロンの言葉をかわすようにこう返事します。

「そ……そうだったかなぁ」「トランペット選んだのは単に一番金ピカだったからじゃないかなぁ」

シャロンはそれに反論することもなく、「それならそれでいいのよ」とムッタの言葉を受け容れます。そのうえで、こうたずねるのです。

「今のあなたにとって……一番金ピカなことは何？」

ムッタは一瞬言葉がなくなりました。

シャロンは、いつもほほ笑みながら、ムッタの言葉を静かに聞いています。決して問い詰めることはしません。そして、原点を思い出させるようなアプローチで、ムッタの情動を呼び起こすのです。相手の全てを受け止める。受け容れたうえで、相手に気づきを与えるような対話をしています。「受容する」という自分の特性を生かしつつ、介入しすぎない姿勢は、「受容・上司」がぜひとも身に付けたいスキルです。

他のシーンも見てみましょう。長年シャロンが温めてきた月面望遠鏡の計画が、いよいよ動き出すことになりました。そのことをムッタに伝える場面、そして317ページからは、今はもういない夫との会話を、シャロンが回想する場面です。

これは……?
そう そう!
それをムッタに見てもらおうと思って 今日呼んだのよ
やっと予算が天文《こっち》にも回ってきてね
ウチの天文チームが長年練ってきた計画がようやく動き出すのよ
「月面……
望遠鏡」……!

月に望遠鏡建てたら……地球から遥かに壮大な宇宙が見えるって
おばちゃん言ってたよね
言ったね
俺が月に行って建てるよ
「シャロン望遠鏡」!

何か思い出した？
ん……ああ
その約束は……
ちゃんと覚えてるよ
うれしいわ

コトッ
フ・・・
シャローーーン!
やったよ
シャロン!
君と結婚して
2年……
ようやく
新しい小惑星を
見つけたぞ!

ホントに!?
すごい！おめでとう！
ありがとう！
……何か
思い出した？
ああ……！
ちゃんと覚えてるよ
約束通り
その星に「シャロン」と名付ける！
うれしいわ

9巻　#87「シャロン」

ています。

決して自分からは言い出さない

シャロンは、自分からは決して言い出しません。相手が思い出すように、そっと仕向けています。

周りの人たちにとっては、シャロンとの約束が仕事や人生での励みになっているようです。そして、シャロンにとっては、周りの人たちがそれぞれの夢を実現することが、自分の夢になっています。つまり、自分の夢の実現よりも、周りの人たちが夢を実現することに関心があるのです。シャロン自身は、それをサポートする支援者になっています。

そして、ことあるごとに「思い出した？」と投げ掛けることで、約束を確認します。確認できたら、「うれしいわ」と一言。これが、ほぼ変わらないルーティンです。期待を表明するわけでもなく、強く指導するわけでもありません。あくまでも相手を「見守る立場」です。ここに「受容性」の強みが発揮されています。

相手が自分の期待どおりに動かなくても、催促したり、過剰なお節介を焼いたりして、自らの存在を確認することはしません。「相手からきっと反応がある」と信じて、見守り続けます。この姿勢こそが「受容性の高みにある」、つまり「洗練されている」ことです。

シャロンが相手を信じていることがよく表れているシーンがあります。月面でのクレーター落下事故によりパニック障害を抱えたヒビトが、「もう月へは行けないかもしれない」とシャロンに告げようとする場面です。

ムッタと兄弟そろってもう一度月面に立つことは、兄弟の約束であり、シャロンとの約束でもありました。

難病のＡＬＳ（筋萎縮性側索硬化症）を患い、それでも月面望遠鏡の夢をあきらめていないシャロンをがっかりさせたくなくて、ヒビトは自らの障害をなかなか言い出すことができません。

12巻 #110「ランデヴー」

14巻　#133「日々人の障害」

シャロンは、「じゃあ治るわよ　ヒビトなんだから」と言うだけで、余計なことは何も言いません。不安が襲うといつもシャロンを頼ってきたムッタとは違って、ヒビトは昔からシャロンのところには相談に来ない人でした。相談せずに、すべてを成し遂げてきた。その実績を信じているのでしょう。

問おう。「部下を信じて待つことができますか？」

米国のメーカー、スリーエムには、マネジメント向けにこんな警句があったそうです。
「口を挟みたくなったら、唇を咬め」
まさに、「口を出すな」ということなのです。部下を育てるには、程よい距離感を保ち、突き放すことが肝心です。

相手を喜ばせたい気持ちの強い「受容性」の高い人からすれば、困っている部下を放っておくことに、居心地の悪さを感じるでしょう。また、部下から頼ってもらえないことに、寂しさを感じるかもしれません。そう思ったらこう唱えるのです。「寂しいのは自分」「甘えたいのは自分」。そして、部下のために耐えるべき時は耐えましょう。

さて、私がこれまで出会った「受容性」の高いマネジャーのうち、部下の自立を促すことのできている「洗練度の高い人」は、若い頃に「凝縮性」や「拡散性」を第一・第二因

個人の願いが集まって…
〝みんなの夢〟って呼べるようになったら
それはきっと叶うわ

12巻 ＃117「素敵な理由」

子に持つ、〝強烈な〟存在の人との協働経験がある点で共通しています。

「凝縮性」の高い人は、価値観が明確で、こだわりが強い傾向があります。「拡散性」の高い人は、やりたいことがあればすぐに動くフットワークの軽さが持ち味です。

例えば、「凝縮性」の高い上司からは、ミスが許されないくらいの重要顧客の仕事を任され、仕事の質の高さを徹底して求められる。また、「拡散性」の高い同僚からは、突拍子もない企画を「急ぎで仕上げて」と相談される。この個性の人たちは、「受容性」の高い人がやりがちなように、相手をおもんぱかって世話を焼いたり、大目に見たりはしません。

限界を超えて育つと「信じきる」

「受容性」の高い人は、彼らの無理難題や仕事の無茶振りにも、なんとかして「上司の役に立ちたい」、「同僚を成功させてあげたい」と思い、成果を出そうと奮闘します。まさに「修羅場」です。そして、自らの強みを発揮して無理難題をやり遂げたとき、その人はより高いレベルに引き上げられています。この体験がある人は、「自分の限界を超えることで人は育つ」ことを、身をもって知っていますから、上司になったときには、その場限りの優しさで手を貸すことは部下のためにならないとわかっています。相手の可能性を見極めて任せたのであれば、「信じて待つ」ことが最善と理解しているのです。

自分の自立を促し、見守り続けてくれる上司のありがたさに、部下は気づいているものです。あなたもそうではありませんでしたか？　思い出してみれば簡単なこと。人を育てる上司は、自ら存在をアピールする必要はないのです。

まとめ

- 「受容・上司」は、相手から感謝される実感を求めて、お節介しがち。
- 過剰なお節介は、部下から成長の機会を奪ってしまう。
- 部下を信じ、部下の自立を見守ることに、「受容性」の本領を発揮しよう。

「保全性」「拡散性」リーダー

Five Factors & Stress

リーダーらしい自信を持ちたい、でもどうすれば?

夢は必ずかなうと信じている「拡散性」と、夢をかなえる自信があるとは言えない「保全性」。慎重で挑戦に尻込みしがちな「保全性」の高い人が、自信をつけて頼もしいリーダーへと成長するには何が必要でしょうか。対照的な成長曲線を描く「拡散性」と比較しながら解説していきます。

［「保全性」と「拡散性」はリーダーへの道も異なる］

「自分には自信がない」とつい口にしてしまう「保全性」の高い人。「保全性」という因子は、生まれもった気質に由来する因子ですから、「大丈夫、あなたならできる。自信を持って！」と励まされても、すぐに自信を持てるようになるわけではありません。といって、「自分はずっと自信が持てないままかもしれない」とあきらめる必要もありません。「保全性」という因子は、「維持しながら積み上げる力」です。「保全性」の高い人にとって、自信は少しずつ積み上げていくものなのです。

今は自信が持てなくても、経験を積み重ねていけば、「自信のある人」

になれます。成長して自信がつけば、周りからも「頼もしい存在」として仕事を任せられるようになります。『宇宙兄弟』の主人公、南波六太（ムッタ）がそうなったように。

今回はムッタの「保全性」の面にスポットを当て、弟、日々人（ヒビト）を「拡散性」の代表として対照しながら、両タイプにとって成長するために欠かせない要素はそれぞれ何だったのか、見ていきましょう。

周りの目がどうしても気になる「保全性」

「自分が宇宙飛行士になれるわけがない」と自分を卑下し、挑戦することすらあきらめかけていたムッタ。そんな彼が、周りの人たちの応援と励ましを受けて悩み迷いつつ試練を乗り越え、ＮＡＳＡで尊敬され慕われるベテラン宇宙飛行士、エディ・Ｊの後継として期待される若きエースへと成長していきました。自信がなくてウジウジしていたムッタが、頼もしいエースへ成長したのは、「保全性」の強みが発揮された結果と理解できます。

そもそも、なぜ「保全性」の高い人は、「自信がない」と言うのでしょうか。不安の正体は、「できないと思われたくない」という、「保全性」の高い人に特有の心理です。「保全性」の高い人は、自分の〝無能さ〟が露呈するのを怖れて、自信のないことは行動に移したがらず、なかなか一歩を踏み出すことができないのです。

7巻 #60「ロケットロード」

一方、「拡散性」の高い人は、それとは対照的です。「拡散性」という因子は、「飛び出していこうとする力」です。興味があることは、まずやってみます。人目が気にならないため、「できなかったらどうしよう」と不安に感じることもありません。軽々と行動に移していきます。ヒビトはまさにこのタイプです。

少年時代の兄弟が宇宙への夢を語るシーンに、2人の個性の違いがよく表れています。挑戦し続ければ夢は絶対に叶うと信じている「拡散性」と、いかにも自信のなさそうな「保全性」。どちらのタイプの読者にとっても、「あるある」とうなずけるシーンではないでしょうか。

「保全性」の成長過程は山登りそのもの

「保全性」が高い人は、人目を気にして失敗しそうな挑戦に一歩を踏み出せない一面があるものの、一度踏み出すと決めたなら、「できるようになる」まで努力します。努力を惜しまないのは、「保全性」の高い人の強みです。度々触れてきましたが、「保全性」の高い人は、しっかり準備して、着実に物事を進めようとします。徹底的に情報を集めて、抜け漏れなく対策を考えて、ようやく安心して行動に移すことができます。

要するに、「やり切った感」が重要なのです。事前に徹底的に調べ上げて、「ここまで調べた人は自分以外にはいない」と思えることで、自信につながっていきます。

反対に、少しでも「抜けがあるかもしれない」と感じたら、それが不安になり、気になって眠れなくなったりします。

例えばフィギュアスケート選手の宮原知子《さとこ》さんは、その言動を観察する限り、おそらく「保全性」の高いタイプでしょう。「世界で一番厳しい練習をしたのだから、私は大丈夫」。そうした自信が彼女を支え、世界の大舞台で戦う勇気を与えているのだと思います。「できない」と思われることを気にして、できるようになるまで努力する。「保全性」の高い人は、基本的に努力家です。

一方、「拡散性」の高い人の辞書には、「努力」という言葉はありません。興味があれば、失敗しても何度でもトライします。そのうち自然に「できる」ようになっています。「努力している」という意識は本人にはありません。

「保全性」の高い人が「自信」を持てるようになるには、「できた」という成功体験の積み重ねが必要です。その成長プロセスは、山登りに喩えることができます。

スタート地点の一合目。とても視界が悪く、頂上まで「遠いな」という実感しかありません。「保全性」の高い人は、先の見えない状況が苦手です。見通しの悪い状況では、どうしても不安を覚えます。しっかり準備することで不安を減らし、物事を慎重に進めながら、小さな成功を重ねていきます。

そして、二合目から三合目へ。

このとき、「保全性」の強みを活かせるかどうかで、山を順調に登って行ける人と、二・三合目辺りでウロウロする人とに分かれます。鍵となるのは、「自分の専門領域における知識の体系化」です。これについては83ページで触れましたが、非常に重要なポイントですので、改めて説明しましょう。

「保全性」の高い人は、コツコツと積み上げることで力を発揮します。従って、守備範囲を「浅く広く」するよりも、専門領域を見極めて、その範囲内での知識を積み上げていく学習方法が向いています。「この領域では誰にも負けない」と言えるくらいの豊富な知識量が、自信につながります。

「体系化」は登山具のハーケンだ

そのとき大事なのは「体系化」です。体系化とは、いろいろな情報を関連づけて、まとまりのある知識体系をつくることです。例えば、単語を辞書で調べるなら、形容詞形や副詞形、類似語を確認したり、語源まで辿ったりして、周辺情報も合わせて多面的にインプットしていきます。

情報が体系化されていくと、物事の理解が深まるだけでなく、使える知識へと昇華していきます。例えば、まったく初めて出くわすケースでも、「あのときの情報が使えるかも」と、体系化した知識の中から、関連する情報を引っ張り出して活用することができるのです。山肌に打ち込めばもう滑落を恐れずに済む、登山具のハーケンのようなものです。

基礎の積み上げと体系化による応用が効くようになれば、自信も少しずつ芽生えてきます。山に喩えると、四合目あたりです。徐々に視界が開けてきます。頂上に近づいてきた実感が伴い、少し楽に感じるでしょう。

では、どの段階で「自信がある」と思えるようになるのでしょうか。

それは、いくつかの成功体験から自分の「勝ちパターン」が生まれ、それが揺るぎないレベルになったときです。自分の勝ちパターンに持ち込めば、「何とかなる」と思える。過去の積み上げの先に、それに続く未来が見通せるようになったとき、「保全性」の高い人は少しずつ不安から解放され、歩みに力強さが増していきます。

山に喩えると、五合目、六合目付近です。

富士山登山なら、森林限界を超えて、一気に遠くが見渡せる状況となり、視界が広がっていきます。「頂上まで、あとどれくらいでいけそうだ」という見通しが立ち、自信も湧いてきます。

勝ちパターンを手に入れた「保全性」は強い

七合目、さらに八合目へ。

風は強くなり、寒さも増します。道のりは厳しくなってきました。それでも、これまでの実績をベースにして、粘り強く、一歩一歩踏み固めるように進んでいきます。そして、ついに登頂を果たします。

これが、「保全性」の高い人の成長プロセスです。

まとめると、やり続けることで、「できそうな気がする」が「できた！」に変わり、成功体験の積み重ねから少しずつ自信がついていきます。

「保全性」の高い人は、「できること」が「好きなこと」になる傾向があります。「好きなこと」ならおっくうがらずに何度もトライできるため、スキルも上達していきます。このように、成長実感を味わうことで「自信を持つ」のが保全性の特性なのです。

宇宙飛行士になったムッタは、ミッションへのアサインを目指して訓練に励む中で、何度も壁にぶつかりながら、それらを乗り越え、成功体験を積み重ねていきます。この頃になると、どんな難局においても（多少ウジウジ悩むことはあっても）逃げ出したりあきらめたりしなくなりました。

勝ちパターンを見つけた人は、「今はできなくても、頑張れば絶対にできる」と信じています。これは「保全性」の高い人の強さでしょう。

ムッタにも、そんな強さが垣間見えるシーンがあります。

NASAプログラムマネージャーのウォルター・ゲイツが、ムッタたちのチームであるジョーカーズを月ミッションから外そうとした場面です。ゲイツは、再任命の条件として「運営コスト1億ドル削減案を出せ」「ISS廃止の署名を集めろ」と難題をふっかけてきました。

248ページではゲイツの視点から見たこのエピソードを、今度はムッタの側から見てみましょう。

ISSを存続させたいムッタは、ゲイツの意に反して、あえて「存続賛成派の署名集め」を始めたのでした。この手が効果を発揮するためには、ゲイツが驚くくらいの数を集めねばなりません。しかし、集めるべき署名の数はまだまだ足りず、ゲイツを説得できるだけのコストダウンの材料もなかなか揃いません。

これまでのムッタならば、いじけて「コロコロ」化してしまいそうなところ。ところが、成長したムッタは、この状況を少しも悲観していないようです。

エディが35通
カルロが22通
ベティが19通集めてくれた
俺らの集めた署名と合わせて
今んとこ116通か
必要なのはあと5千700通くらい？
気が遠くなるね
お…っ？
何か突破口でも見つかった？
……いや……
……
前よりずっと可能性は拡がってるよ

突破口はね
これから
作る

「突破口はね　これから作る」

まるで成功を確信しているかのような、頼もしく力強い言葉です。

ムッタのこの言葉は、ここだけ取り出すと何かカラ元気みたいにも思えますが、実は伏線がありました。これより少し前、ムッタをいつも気にかけている技術者のピコ・ノートンから、こんなアドバイスがあったのです。

「〝真実〟は見つけ出そうとするな　作り出せ」

ムッタが握った「勝ちパターン」を分析

ムッタの「エンジニアとしての才能」を認めたピコからの、応援の言葉でした。ピコのアドバイスを受けて、ムッタは動き出します。これまで関わりのあった各方面の専門家に連絡を取り、運営費1億ドル削減の可能性を探っていくのです。

ムッタは宇宙飛行士になる前は自動車開発の一流エンジニアでした。技術分野での膨大な知識と経験の体系化がムッタの最大の武器です。

また、ムッタはエンジニアですから、物事を構造的に考える習慣があります。普段はやや精神面で不安定な印象を受けますが、ひとたび課題に取り組み始めると、冷静で論理的な面が出てきます。顔つきまで凛々しくなります。

ガコン
そうシケた面《ツラ》すんなよムッタ
2連チャンで負けたからって
ちがうよ
ゲームをやりながらも考えてんの
なんか見つかんねぇかなと思って
ハッ
……
割と大事なことを1個教えてやろうか
「〝真実〟は見つけ出そうとするな」
「作り出せ」

お前の役に立つ脳みそは
カッコッ
1個だけじゃねぇだろ
ゴロロッ
使える脳みそは
全部使っとけ
周りにいくらでもあんだろ

21巻 #202「突破口」

体系化された知識、構造的な思考に加えて、ムッタの「勝ちパターン」に欠かせない要素が、ピンチのときに手を貸してくれる味方がたくさんいることです。これは、ムッタが「保全性」と並んで高いであろうもうひとつの因子「受容性」が影響していると思われます。「受容性」という因子は、「周りの状況を受け容れる力」です。「受容性」も高いムッタは、人と良好な関係を築くことが得意なのです。

人脈を駆使して徹底的に情報を集め、あらゆる角度から抜け漏れなく対策を練っていく。「保全性」の強みである「緻密さ」を如何なく発揮し、問題を解決していくのが、ムッタの勝利の方程式、と言えるでしょう。

弟との関係の変化も成長の一因

補足すると、ムッタの成長には、弟・ヒビトとの関係の変化も大きく影響していると考えられます。

ムッタは幼い頃から、「兄は弟の先を行かなければならない」と固く信じていて、実際にそうなりたいと努力もしてきました。しかし、これまではすべてにおいて、弟の後を追いかける形になっていました。宇宙飛行士になったのも、月を目指したことも……。

ところが、月面で大事故に遭ったヒビトが、その後遺症でパニック障害になり、NAS

Aを去ります。消えるようにいなくなったヒビトをムッタは心配します。しばらくして、ロシアに渡ったヒビトから、「月で会おう」というメッセージが来たのを見て、安心します。ムッタは、そのときはじめて、兄として弟の先を走ることになったのです。

次に月に行くのは自分だ。宇宙飛行士としてロシアで再出発する弟を、今度は自分が兄として見守る立場になる。ムッタは、「月で待っているから来い」とヒビトに返信します。ようやく兄としての役目を果たせる自分に、自信を取り戻せたのだと思います。そのことがムッタの成長を加速させたのではないでしょうか。

自信は、「保全性」の高い人にとって、何よりの栄養剤なのです。

拡散性は「破・離」に向かう

「保全性」の話が長くなってしまいました。「拡散性」の高い人の成長プロセスも見てみましょう。

「保全性」の高い人が、「できた」ことを積み重ねながら、成長実感を自分への報酬として成長の山を登っていくのに対し、「拡散性」の高い人は、「できた！」という成功体験を重視しません。むしろ、「できた」ことは、もう続けたくないのです。

自分ができてしまうと、「なーんだ、これくらい当たり前だな」とか、「ちょっと簡単すぎたな」と感じて、そこで興味を失うことすらあります。周囲から褒められたら、「別に」とぶっきらぼうに答えたりします。どこかのタレントみたいですが。

「できた」ことによって「自分が成長したと実感」するかどうかよりも、「面白さが失われたか、それともまだ面白いのか」が大事。つまりは「難易度が高いほど燃える」のです。だから失敗を繰り返しても、興味が続く限りは臆することなくトライし続けますし、順番にもこだわりません。階段を抜かして飛び上がるような成長曲線を描くのです。

先ほど、「保全性」の高い人は、自分の「勝ちパターン」を持つと強くなれると述べました。勝ちパターンは、基本の「型」と言い換えることもできます。

「保全性」の高い人が活躍するには、この「型」を研ぎ澄ませていくことが大切です。型があるから強いし、ブレない。型の存在が、絶対的な自信につながります。

よく「守・破・離」と言いますが、「保全性」の高い人は、基本の型を破らないし、離れることもありません。「守」を洗練させていきます。それが「積み上げていく」という「保全性」の強みの活かし方でもあります。一方、「守」から「破・離」に向かうのは、「拡散性」の高い人です。「拡散性」は「外に飛び出す力」を持つ因子です。

とはいえ、「拡散性」の高い人にも、守るべき基本は大事です。基本のない〝無手勝流〟は目くらましみたいなもので、最初は勝つかもしれませんが、長くは続きません。

「守」を破るときに、どこは変えるべきではなく、どこを変えてもいいのか。そこを見極めながら、自己流（オンリーワン）のやり方に仕上げていくことが大切です。「拡散性」の高い人を突き動かすのは、物事の真の姿を求める探究心です。

そうして「拡散性」の高い人が「オンリーワン」の境地を目指すのに対し、「保全性」の高い人は、型を磨き上げることでどこにでも通用する「世界の標準化」に向かいます。その過程でいろんなシチュエーションでの対応力が上がり、先を見通せるようになれば、自信も湧いてきます。「できそうだ」という見通しがあれば、困難が予想される道であっても、力強く先に進むことができるはずです。

ひとつの山を登り切った、ムッタの顔を見てください。安堵感と、湧き上がる自信を感じませんか。

まとめ

- 「保全性」の高い人は、成功体験の積み重ねが自信につながる。
- 自分の型を磨くことで、先の見通しが立ち、力強く前進できる。
- 「拡散性」の高い人は、守・破・離を通して「オンリーワン」を目指す。

22巻 #210「CES-66クルー」

「受容・保全」リーダー

Five Factors & Stress

あなたが目指すべきは「猛獣使い」かもしれない

日本人に多い「受容・保全」タイプにふさわしいのは、サーバント型リーダーです。しかし、それを自覚していてもなお、多くのリーダーは思うようなリーダーシップを発揮できていません。解決策はただ一つ、自分の個性の強みを活かせる相手と組むこと。そのためのキーワードは、ズバリ「猛獣使い」です。

［ ムッタが見せる「日本型リーダー」の理想像 ］

18巻　#173「孤独な彼ら」

リーダーたるもの、決断力があり、率先垂範でなければならない。これは「強さ」が求められる欧米型リーダーシップです。一方、相手に寄り添い、共感し、相手の背中を押すようなリーダーシップもあります。奉仕して導くスタイルのサーバント・リーダーシップです。多くの日本人に向いているのは、後者です。

日本人の個性を分析すると、「受容性」と「保全性」の高い人（「受容・

保全」タイプ）が55％を占めます。「受容性」の高い人は、周囲の状況を柔軟に受け容れる傾向があり、周りの人の役に立ちたいと思っています。「保全性」の高い人は、物事を安定的に進めていく傾向があり、組織づくりや運営が上手です。つまり、日本人はサーバント・リーダーシップに求められる共感や貢献、コミュニティづくりといった能力を潜在的に備えているのです。

……と、ここまではすでに解説しました。サーバント変じて、単に「いい人になりたい」リーダーシップ（？）の罪深さもご説明したとおりです。

私は、「受容・保全」タイプの人が優れたサーバント型リーダーを目指す際に、頭に留めておくとよいイメージがあると考えています。

それは、「猛獣使いになる」ということ。

優れたリーダーとして私が思い浮かべる人に、情報関連会社のA社長がいます。

Aさんは、自分が前に出てぐいぐい引っ張っていくタイプのリーダーではありません。日本型リーダーシップの典型例として、『宇宙兄弟』に登場する宇宙飛行士のエディ・Jを紹介しましたが（272ページ）、Aさんはエディに近い個性を持つサーバント型リーダーです。Aさんの個性をFFS理論で診断すると、「受容性」「弁別性」「保全性」が高いという結果でした。ここでは「受容・保全」タイプに含めます。

Aさんは社長に就任すると、まず先輩役員のBさんを口説きに行きました。経営の要となるポストに就き、新体制を支えてくれるよう頼むためです。Bさんは、Aさんへの世代交代を機に退く考えでしたが、後輩の望みを聞き入れました。その人事が決まったことで、Aさんが考える布陣のピースがピタリピタリとはまり始めたそうです。

「異質」を避け「同質」を置きたくなるのが人の常

ここで注目したいのは、Bさんの個性です。

Bさんは、「凝縮性」と「拡散性」が高く（「凝縮・拡散」タイプ）、いわゆる欧米型の「強いリーダー」に見られる個性の持ち主です。「凝縮性」の高い人は、こだわりが強く、責任感や正義感が強い傾向があります。「拡散性」の高い人は、外に向かって飛び出すことを好み、リスクを恐れない傾向があります。どちらも「受容・保全」タイプが6割を占める日本では、異彩を放つ存在であり、〝組織になじまない〟〝扱いにくい、癖のあるやつ〟と受け取られることが多いかもしれません。

Aさんは、自分とは「異質」の相手を役員に迎え入れました。これが彼の人材配置の妙だったと思います。FFS理論では、個性を構成する因子が互いに異なることを「異質」、因子が互いに同じであることを「同質」と呼びます。

異質の相手の場合、思考も行動も特性が異なるため、お互いを理解するまでに時間がかかります。相手がなぜそのように行動するのかを理解しづらいので、「扱いにくい存在」と感じることもあります。

ただし、ひとたび相手のことを理解できれば、互いの強みを活かし、弱みを補完し合うパートナーになり得ます。AさんとBさんの関係でいえば、Bさんの突破力と統率力を借りながら、Aさんが組織を運営していくスタイルです。Bさんが強みを発揮できるようサポートすることで、彼の個性をチームの推進力に変えていくことができるのです。

ところが、多くのリーダーは、自分の側近に誰を置くかで間違いを犯します。特に「受容・保全」タイプのリーダーは、同質の人を周りに置きたがります。

同質の相手は似たもの同士なので、あうんの呼吸でお互いのことが理解できます。意気投合するにも時間はかかりません。その意味で「扱いやすい相手」なのです。

同質の人で周りを固めると、どうなるか。その組織は弱くなります。

物事を深く突きつめて考えなくても、あうんの呼吸でわかり合えた気になるので、議論が深まりません。異論や反論がないまま、なんとなく物事が決まっていきます。

また、「保全性」の高い人は、周りからどう見られるかが気になります。「保全性」の同質同士では、人と違う意見を言うと気まずい雰囲気になりがちで、余計に意見の対立が生まれにくいのです。

強みと弱みがかぶる、という問題もあります。

一例を挙げると、「受容性」の高い人は、誰かの役に立ちたいと思っています。面倒見がよく、寛容で、共感力が高いなどの強みがあります。

その反面、相手のことをおもんぱかるあまり、厳しい決断を下せないという弱点があります。リーダーも、周りの人間にも決断できる人が誰もいないとしたら、その組織は間違いなく停滞します。

扱いにくい人材を周りに置くには？

別の言い方をするなら、優れたリーダーかどうかは、周りにどんな人を配置しているかを見ればわかります。自分自身とツーカーな、似たもの同士で周りを固めているリーダーの組織は、強くなれません。異質のメンバーを近くに置いている人こそが、優れたリーダーなのです。

そんなリーダーが『宇宙兄弟』にもいました。エディ・Jです。

エディが率いるのは、「はぐれ者の寄せ集め」と呼ばれるほど強烈な個性が集まったチーム「ジョーカーズ」です。扱いにくい相手、すなわち「異質の相手」をそばに置くリーダーを「猛獣使い」と定義するなら、エディはその称号にふさわしいリーダーと言えます。

では、異質の相手をそばに置き、彼らの活躍をサポートできる「猛獣使い」とは、どのような人なのでしょうか。

日本人の多数派である「受容・保全」タイプの人にとって、異質の相手とは、『宇宙兄弟』の登場人物でいえば次のような人たちです。

- **「凝縮性」の高いブライアン・J、吾妻滝生（アズマ）（288ページ、198ページ）**
- **「拡散性」の高い南波日々人（ヒビト）（182ページ）**
- **「弁別性」の高いビンセント・ボールド（220ページ）**

彼らは日本では少数派であり、多数派の「受容・保全」タイプには理解されにくい個性です。

「変わり者」「はみ出し者」「冷たい人」、とレッテルを貼られ、活躍の機会が奪われていることも少なくないはず。異質な人材の活躍をサポートするには、彼らの良き理解者となり、トランスレーターとならなければなりません。

つまり、「猛獣使い」には、組織の中で理解されにくく、それゆえ力が発揮できずにいる猛獣たちの良さを認め、さらに「あいつが言っているのは、実はこういうことなんだよ」と、周囲に翻訳する力が必要なのです。

『宇宙兄弟』には、エディのほかにもう一人、典型的なサーバント型リーダーが登場します。そう、主人公の宇宙飛行士・南波六太（ムッタ）です。

最初のうちは、失敗を恐れてウジウジと悩んでいた彼が、「受容性・保全性」の特性を活かしてチームに貢献するリーダーへと成長していきます（334ページ）。これも、このマンガの見所の一つになっています。

「常識」では予測できない「猛獣」の行動

ムッタはつねに、異質な相手のよき理解者であり、翻訳者であろうとします。ここからは、ムッタの猛獣使いぶりを見ていきたいと思います。

ムッタの弟のヒビトは、月でのミッションでクレーターの谷に落下する事故に遭います。ヒビトからの通信が途絶え、NASAは事故の状況把握に苦労していました。そんな中、知らせを受けたムッタがJAXAに駆け付け、ヒビトの動きを予測する場面です。

212ページで吾妻滝生（アズマ）の側から見たシーンですね。物語の展開はご存じの通りですが、今回はムッタの側から見てみましょう。

ヒビト君と ダミアンが この谷に落ちて 2時間近く 経ったが
未《いま》だに通信は 途絶えた ままだ
今フレディ船長と バディがピートルで 現場に向かってる ところだ
到着まで まだ50分は かかる
……
どうした 六太《むった》君

星加さん……
ヒューストンに頼めませんか
何を？
バディたちのビートルの行き先を……
もっとこっちの方に変更してもらえないか……
……！
でも南波《なんば》君……
その位置じゃ2人が落ちた所と20㎞くらい離れてるよ
なんでそこに？

日々人《ひびと》は多分……
じっとしてないからです

9巻　#80「ギブソンに託す」

「日々人は多分……じっとしていないからです」。そう言って、ムッタはＮＡＳＡの予測とは異なる救出ポイントを示しました。ＪＡＸＡはムッタの判断をＮＡＳＡに伝え、救出に向かうよう要請しますが、ＮＡＳＡはこれを却下します。「トラブルが発生したら、その場から動かない」が原則ですから、消息を絶った場所に救助隊を向かわせる意思決定をしたのです。

　しかし、ムッタの予想が的中しました。ヒビトは、ムッタが示した場所の近くに移動していたのです。ヒビトはどうなるのか……!? ヒヤヒヤしましたが、NASAにいたアズマがムッタの言葉を信じたことで、助かったのです。

ヒビトは「拡散性」が高く、ムッタは、「受容性・保全性」が高いと分析できます。異質の関係にもかかわらず、ムッタがヒビトの行動を予測できたのは、「問題が発生したら、とにかく行動することで解決しようとする」ことを知っていたから。ヒビトはその時に考えられる最善を尽くそうとするだろう、ならば動くほうが自然だ、とムッタは読んだのです。その判断が結果的に、ヒビトの命を救うことになりました。

孤高の人、アズマの素顔を見る

ムッタは、無骨で寡黙なアズマのことも、理解しようと動きました。

アズマは、後輩のヒビトの乗ったロケットが無事に打ち上がったことに対し、先を越された悔しさなど微塵もなく「打ち上げ成功　おめでとう」と立ち上がって手を握ってきました。これにムッタは意表を突かれます。と同時に、噂とは異なるアズマの一面を見るのです。ここの流れは、「凝縮・上司」を分析した「『無愛想で怖い上司』敵か味方かの見分け方」の、210ページに出てきました。素敵なシーンなので、よければぜひ読み返してください。ここでは、その先を見てみましょう。

もしかして……
日々人に先を譲ってくれたんですか？
なぜそう思う
いや……
なんとなく……
吾妻《あずま》さんは……
ウワサとは違う人だ

別に譲った
わけじゃない
上官の
決断だ
……
打ち上げ
成功
おめでとう
あの瞬間
日々人《ひびと》が
吾妻さんを
尊敬して
しまう理由が
わかった
気がした
JAXA

アズマは「凝縮性」の高い人です。「こうあるべき」という価値観が明確で、ブレがありません。そのため、周りからは「排他的」に映ることもあります。近寄りがたい雰囲気があるため、誤解されやすいのです。

他人の評価を横に置き、その人を理解しようとすれば、とても礼儀正しく、正義や使命感を秘め、道徳的価値観を重んじる一面が見えてくる。そんなシーンです。

このようにムッタが、異質の相手のことも理解できるのは、「受容性」の強みが発揮されているからです。

「受容性」の高い人は、「皆が笑顔になっていること」がうれしいと感じます。逆に、不機嫌そうな人がいたり、周囲に馴染めない人がいたりすると、気になってしまい、笑顔にしようと動きます。

相手が何を考えているのか、なぜそのような行動に出るのか。それを理解するために、相手をよく観察し、相手に近づき、話しかけ、状況を推し量ろうとします。相手が醸し出す雰囲気や機微を理解しようとするのです。

日本人は昔から、あうんの呼吸のような「ノンバーバル・コミュニケーション」が得意と言われていましたが、それは「受容性」の高さからくる優れた観察力の表れでしょう。

一方、会議などでディベートが盛んなアメリカでは、「言葉で言わない」ことは、「主張することがない」とみなされます。表情や仕草から相手の状況を推し量ることはしません。平均的なアメリカ人が「凝縮・拡散」タイプであることと、大いに関係していると考えられます。

猛獣たちの相乗効果を引き出す

弊社では、ＦＦＳ理論の理解を深めるためのオープン講座を開いています。その中で、参加者を4~5名のチームに編成して、意思決定や創造性開発のエクササイズを行います。エクササイズは、チームを変えて2回行います。1回目は同質のメンバーを集めたチーム、2回目は異質のメンバーを組み合わせたチーム。その理由は、「同質」と「異質」の関係性によって差がつくチームの生産性を体感してもらうためです。このように、ＦＦＳ理論はチームビルディングにも役立つ理論です。

2回目のエクササイズで、「凝縮・拡散」タイプのＭさんと、「受容・保全」タイプのＳさんが同じチームになりました。Ｍさんは初めのうち、他のメンバーの出方をうかがっている様子でした。すると、Ｓさんがこう水を向けたのです。

「Ｍさんがリーダーになってくれませんか？　このテーマは難しいので、Ｍさんの推進力が必要なんです」

「拡散性」が高いMさんは、誰も考えつかないアイデアを出したり、思考を広げたりすることが得意です。しかし、同時に「凝縮性」も高く、メンバーに失礼のない態度で接しようとして、ぎこちない印象を与えがちです。

そのようなとき、「受容性」の高いSさんが、すかさず笑いを取って場を盛り上げようとします。徐々に場が和んできた頃から、Mさんのエンジンがかかり、議論が活発になってきました。たまに話題を広げすぎて、論点が曖昧になることもあります。すると今度は、Sさんがメモを取りながら論点を確認し、議論がズレそうになると、論点を整理して戻してくれるのです。Sさんは「保全性」も高いので、物事を整理したり、場を運営したりすることが得意なのです。

MさんとSさんが噛み合い始めると、他のメンバーの良さも引き出されて、チームとしてシナジーが発揮されていきました。Mさん自身は欧米型の強いリーダーによく見られる個性（「凝縮・拡散」タイプ）ですが、Sさん（「受容・保全」タイプ）のフォローがなければ、そのリーダーシップは発揮されなかったかもしれません。

実際、同質のメンバーを集めた1回目のチームでは、Mさんは議論の途中から椅子を斜めにして座り、まったく口を開かなくなりました。というのも、同じチームに「凝縮性」の高い人がもう1人いたため、「あいつ、こだわりが強そうだな」と感じ取り、お互いになんとなくけん制し始めたからです。

「凝縮性」の高い人の場合、お互いの価値観が合えば心強い相手になりますが、価値観が違えばぶつかり合います。Mさんは様子をうかがいつつ、相手が先に主張するのを聞いて、「自分とは違うな」と思った途端、黙り込んでしまいました。エクササイズの限られた時間で価値観をすり合わせるのは難儀だと思ったのでしょう。

ＦＦＳ理論を活用すれば、メンバーの得意技を組み合わせて馬力のあるチームを作ることや、停滞している組織を活性化する方法を考えることができる、という一例です。

人を理解できてこそ、強いチームが機能する

サーバント型リーダーに話を戻します。サーバント型のリーダー像をわかりやすく説明すると、かなり「あえて言えば」ですが、「暴れん坊の孫悟空を、手のひらの上で遊ばせられる度量を持つお釈迦様」のような存在です。

「拡散性」の高い人（例えば孫悟空）を上手くその気にさせて、活躍してもらい、組織としての成果を引き出してきちんと刈り取ります。その際、「受容性」の高い人は、人のやる気を引き出すのが得意ですし、「保全性」の高い人は、仕組み化して組織を運営する能力に長けています。逆に言えば、「受容・保全」タイプの人が、自分の強みを発揮してチー

ムに貢献するには、孫悟空の存在が必要なのです。

ここまで読んで下さった方ならば、人嫌いや勝手気ままに見えた孫悟空たちは、別に特異な人間ではなく、それぞれの生き方、考え方がたまたま周囲と異なるからそういう印象を与えるだけなのだ、と考えられるでしょう。彼ら彼女らは、チームの得がたい一員になりうるのです。理解しにくい人々を理解する、その手がかりをＦＦＳ理論は提供します。

優れたリーダーは、異質な人材を適所に配置し、活躍させられる人です。個性の際立った人を自分の周りに置いて、能力を引き出すことが優れた「サーバント型リーダー」の条件だと思います。あなたは猛獣使いになれますか？

まとめ

・多くのリーダーは、同質の人を周りに置くという間違いを犯している。
・優れたリーダーは、異質な個性のメンバーを周りに置いている。
・異質な相手を理解し、他のメンバーに翻訳することもリーダーの役割。

7巻 #63「最初の一歩」

どうして弁別性のリーダーは登場しないのか？

3章では、「凝縮性」「受容性」「拡散性」「保全性」の各因子の特性が活かされたリーダー像について語ってきました。ではなぜ、「弁別性」が含まれていないのか。そう疑問に思われたかもしれません。

それは、5つの因子のうち、「弁別性」だけが特殊な因子だからです。

他の4つの因子を見てみると、これまでも述べてきたとおり、「拡散性」と「保全性」は、「気質」に由来する因子です。動機となるのは「好き」や「嫌い」、「面白そう」といった情動であり、それに対して「すぐに動く」のか、「準備してから動くのか」で比較できます。また、「凝縮性」と「受容性」は、どちらかと言えば「社会性」に影響を受ける因子です。判断基準が「自分軸で正しい」なのか、「相手軸で、それを受け容れる」なのかで比較できます。

それに対して、「弁別性」だけが独立しています。「弁別性」は、その時の情報に基づいて、物事を「黒か白か」「0か1か」のどちらかにはっきりと分ける因子です。判断の基準はほとんどの場合は合理性で、「右側が合理的か、左側が合理的か」と考えます。ただし、「右側が合理的」と判断しても、右側に行くかどうかは別なのです。

つまり、あくまで判断や判定をするのみ。すべてに自分なりの合理性にかなう理由があるはずだと思うので、疑問に思うと「なぜ」「なぜ」と質問を繰り返しますが、それは自分が納得するためだけです。理由さえ判定できれば、それでいいのです。

組織やチームをリードするうえで、目的や目標を掲げることが重要です。例えば、「あるべき理想像」を目指す凝縮性、「誰かの幸せ」を目指す受容性、「オンリーワン」を目指す拡散性、「世界の標準」を目指す保全性のように、他の4因子には目的や目標を生み出す傾向が強いのですが、弁別性は、その目的・目標に対して「無駄なく、確率高く、最短で行くため」の因子です。リードする目的・目標を持っているわけではなく、常に「どちらか」であり、データが変われば、「右」が「左」に変わるのです。

リーダーシップにはとても有用な資質

だからといって「弁別性」が、リーダーに不要の因子だと言いたいわけではありません。

ここまでは、強いリーダーシップを発揮する「凝縮・拡散」タイプのブライアンや、エディやムッタのような「受容・保全」タイプのサーバント型リーダーシップを紹介しました。

リーダーシップの取り方は大きく異なりますが、この3人に共通するのは「弁別性」の因子の高さです。つまり、「感覚的な判断」よりも「合理的な判断」を好むという点において、それぞれのリーダーシップのスタイルに「弁別性が介在している」と考えてください。

もちろん、ビンセントのように「弁別性」が第一因子で、第二因子と少し差があるだろうという人はいます。「人との付き合い方は無駄なくドライ」であるし、客観的な立場を崩しません。しかし、第二因子の「凝縮性」が効いていて、「決めた相手は、守り抜く」というスタイルです。その点ではブレのなさを感じるリーダーだと思います。

バトラーも第一因子は「弁別性」ですが、第二因子は「受容性」。はっきりと割り切りますが、「白と判定した相手」に対しては、「受容性」ならではの面倒見の良さを発揮します。こちらは、ビンセントとは違って、優しさを感じるリーダーです。

弁別性が強い人は参謀役に向く

一般的には、「弁別性」の高い人は、リーダーというよりも参謀タイプが多いです。また、私がこれまでお会いした五百人を超える創業者のうち、「弁別性」の高い創業者も何十人かいましたが、どちらかと言えば「ファウンダー」として存在し、経営者になっていないケースが散見されました。

例えば、グーグルを創業したセルゲイ・ブリンとラリー・ペイジは、「自分たちは経営は素人だから」ということで、エリック・シュミットを経営者としてCEOに迎えています。おそらく、2人とも「弁別性」がかなり高いと観察できます。

逆に「弁別性が低いとリーダーになれないのか」と疑問も湧くでしょう。それも違います。弁別性が低い人はアナログ的で「全体を俯瞰した直感」で判断をしがちです。従って、「こちらに行くぞ」と目的や目標を示す時に、合理的な理由ではなく「感じる」が理由なのです。つまり、データがなくても「感じられる強さ」を持っている人がリーダーになっています。このタイプのリーダーは人間的な魅力を持っている人が多く、必ずそばに弁別性の高い人を置いています。

COLUMN

『宇宙兄弟』にスーパーマンは出てこない

佐渡島 庸平＝コルク代表
（『宇宙兄弟』初代担当編集者）

物語を紡ぎ出すとは、どのような行為なのか。

多くの読者は、手に汗を握るハラハラするストーリーを生み出すことが、作家の才能だと思っているだろう。もちろん、ストーリーテリングも作家にとって、大事な資質の一つだ。

しかし、それよりもずっと大事なことがある。キャラクターを生み出すことだ。そして、そのキャラクターをリアルに描くことだ。「確かに、こんな人いるよなー」そんな言葉を読者がふと漏らしてしまう。それが、作家が目指していることだ。

しかし、そのようなリアルなキャラクターを作り出すのが難しい。例えば、几帳面で遅刻しない準備をしっかりする人がいたとする。その人が、しっかりと準備をする場面ばかりを描いていても、驚きも何もない。だから、面白くならない。そんな人が、全く準備もできず、大遅刻をしてしまった。さて、どんな反応をするのか。その人ならではの反応をすると、それだけで面白いシーンになる。そのぴったりの反応を見つけるのがすごく難しいのだ。

『宇宙兄弟』の小山宙哉は、人を観察し、再現するのが本当にうまい。自分とは全く似ていないタイプの人もすごくリアルに描く。どうしたらそのようにキャラクターを描けるのか？　僕が育成している新人へのアドバイスをお願いした。

多くの作家は、登場人物の設定表を作る。すごく詳細な履歴書のようなものを用意する人もいる。小山さんは、そのようなものを一切作らない。逆に、そのようなものがあると、そこで用意した設定に縛られて、リアリティを失ってしまう。

小山さんは、キャラクターに「出会う」ことを意識する。キャラクターのイラストと名前が決まる。そして、その人と初めて会った気持ちで対峙する。そして、もっとその人をよく知るためには、どうすればいいのだろうか？　この人をもっと知りたいと考えて、その人をどんな環境に連れていき、どんな出来事を経験させるといいだろうかと考えるらしい。

そんな風にして生み出された『宇宙兄弟』は、小山宙哉による、様々な人々の観察記録と言えるかもしれない。だから、現実のように様々な人が登場する。誰も悪い人はいない。強みが違い、価値観が違い、ストレス状態が違うだけなのだ。

『宇宙兄弟』のキャラクターがリアルだとして、なぜ僕は『宇宙兄弟』とＦＦＳ理論を組み合わせて、チームビルディングの本を作りたいと思ったのか。

コルクという2012年に僕が創業したクリエイターのエージェント会社は、率直にいうと停滞していた。社員が20人を超えたあたりから、組織としてのパフォーマンスが上がっていかない。悩んでいた僕が出会ったのが、FFS理論だった。人の能力は、絶対値ではなく、チーム構成で決まる。それはすごくしっくりくるし、僕の作り上げたい組織文化とフィットしていた。

『宇宙兄弟』にスーパーマンは出てこない。みんなが違う能力を持って、協力し合わないとプロジェクトを成し遂げることができない。宇宙飛行士は、ロケットの技術者、管制官などなど、たくさんの人の協力をあおがなければ宇宙にいることができない。そして、宇宙飛行士、技術者、管制官、みんな求められる能力が違う。違うタイプの人たちが協力し合わないといけない。

FFS理論で同じ因子の人たちが集まると話が通じやすくて、居心地がいい。でも、チームとしては、成長しない。停滞してしまう。違う因子の人たちが集まってチームを作る方がいい。

その時、どのようにしてチームを組成すればいいのかという問題が立ちはだかる。チームメンバーを変更する時に、「拡散性が二人いると混乱するから、部署異動です」と言われると、FFS理論を理解していても傷つく。それよりも「日々人が二人いると、どちらも動きにくい。あの部署には日々人がいないから、あの部署で存分に暴れてくれ」と言われる方が、自分がなぜその部署に馴染まなかったのかが理解できるし、新しい場所で活躍するイメージが湧く。FFS理論の個別の因子の特徴を暗記するよりも、『宇宙兄弟』の各キャラクターの特徴を覚えて、理解する方が楽しいし、分かりやすい。

FFS理論は、他者理解だけでなく、自己理解にも役立つ。チームビルディングが、本当に成功する鍵は、チームメンバーの全員の自己理解が進むことと言えるかもしれない。

僕は去年40歳を迎え、不惑となった。不惑とは、悟りを開くことや、惑わなくなることではない。そうではなく、自分とはこのような人間なのかと、自己理解をし、ある種の諦めを持って、惑わなくなることではないかと僕は考えている。

40歳に到るまで、様々なビジネス書を読み、他人の成功譚を聞き、それを真似たりしていた。それで迷走してしまうのは、自分と全く違う因子の人の成功例を試そうとする時だ。

自分だったら、どのように成功するのかのイメージがないまま、他人の成功例を真似ると失敗する。

『宇宙兄弟』で自分と似た因子の人を見つける。そして、その人を真似る。さらに、その人をサポートしたキャラクターと同じような因子の人たちを身の周りで見つけていく。気がつくと六太たちが成し遂げたような成功を、チームで手に入れることができると思う。

ぜひ、この本をきっかけに、自分の人生という物語で、自分の能力を活かして活躍する方法をみつけてほしい。

あとがき

先日、FFS理論を通じて知り合ったY氏と飲む機会がありました。

Y氏は、FFS理論を習得し、前に勤めていた会社への導入にご尽力いただいた方です。その後、別の会社に転職し、今度は新しい会社にFFS理論の導入を画策されています。「その会社の代表者に会って欲しい」というご要望があり、会食することになったのです。その時、彼の最近のフェイスブックの投稿を見せてもらいました。

そこには、日経ビジネス電子版に掲載された連載記事の「いい人と思われたい上司が殺すもの」（本書304ページの元になったコラムです）が添付され、これまでの自身のマネジメントへの「自戒」とともに、今後の抱負が書かれていました。

彼は「受容性」が第一因子で、少し離れて他の因子が拮抗しています。そのため、「受容性」の特性が目立つ個性です。前職で彼は、「話のわかる優しい部門責任者」との評判でしたが、上長からの要望も部下からの要望も聞き入れすぎることで、どっちつかずになり、結果的に「自分にも部下にもしわ寄せがくる状態」に陥っていたのです。

特に部下育成では、ついつい自分で手を動かすことになり、部下が育つ機会を意図せずに奪う結果になっていました。

新しい会社では、代表者の参謀として期待されています。関係者の自律を促せる「本当の優しさ」を発揮する必要があると考え、自らを鼓舞したとのことでした。

これを聞いて、「この企画を進めて良かったな」と改めて感じました。身近な人の気づきを促すお手伝いができる、こんなうれしいことはありません。

私事で恐縮ですが、この60年を振り返ってみて、人との出会いの連続であったとシミジミと感じています。大学時代もそうでしたが、就職、退職、フリーランス、転職、起業と、事あるごとに人と出会い、助けられたり、感化されたりしました。小林恵智博士との出会いも、そんな中での出来事でした。

新卒で入社した会社にいる頃から、「人を活かすための組織であるはずが、人を活かしていないし、逆に潰している」という問題意識が漠然とありました。悶々としている時に小林博士と出会い、最適組織編成理論であるＦＦＳ理論を知りました。「この理論こそが、人資源しかない日本という国には必要だ」との思いから、博士を口説いて仲間と起業することになったのです。

それから、25年。泣かず飛ばすの時期が長く続きましたが、最近、我々の理念が理解され、FFS理論の導入とその運用に力を入れていただける会社が増えたことで、ようやく入口に立てたという実感を抱いているところです。

「人は人との関係性で成長する」

そのためには、自己理解と他者理解。特に、異質でありながら補ってくれる関係性に目覚めて、より良い組織を作り、より良い人生を送っていただければ幸いです。

最後になりましたが、たくさんの方のご支援でこの書籍は完成しました。

まず、理論開発者である小林恵智博士に貴重なアドバイスをいただきました。ありがとうございました。

企画段階から多くのアイデアと共にご指導をいただきましたコルクの佐渡島庸平さん、中村元さん、文章にピッタリの漫画を選んでいただいた橋本欣宗さんに感謝します。コルクラボの皆さんにも、登場人物のシーンや名セリフを探していただきました。ありがとうございました。

システム開発では、ご迷惑を含めてお世話をかけましたブルージラフの皆様、ありがとうございました。ヴィザーズの皆様も限られた時間でご尽力いただき、ありがとうございました。

また、企画の途中から参加された日経ビジネス編集部の山中浩之さんは、最初は少し困惑されていたようにお見受けしました。しかし、興味のスイッチが入った瞬間から強くリードしていただきました。毎回、素敵なオチをつけていただき、ありがとうございました。

弊社ヒューマンロジック研究所のスタッフ一同の協力がなければ、ユニークな切り口が出てこなかったかもしれません。感謝します。

そして、最後になりますが、連載から書籍まで原稿を仕上げていただいた前田はるみさんに、お礼を申し上げます。私の個性とは真逆で受容性と保全性が高く、異質補完の力で抜け漏れをカバーしていただくとともに、時には〝憑依〟して構想を出したそうです。前田さんの力量なくして、この本は仕上がらなかったと思います。本当にありがとうございました。

二〇二〇年六月一日

新型コロナウイルスと闘い続けている東京にて

宇宙兄弟とFFS理論が教えてくれる
あなたの知らない あなたの強み

2020年 6 月15日　第 1 版第 1 刷発行
2024年 9 月25日　第 1 版第 13 刷発行

著者 …………………… 古野 俊幸
執筆協力 ………… 前田 はるみ
企画・編集協力 …… コルク（佐渡島 庸平、中村 元、橋本 欣宗）
発行者 ……………… 松井 健
発行 ………………… 日経BP
発売 ………………… 日経BPマーケティング
〒105-8308 東京都港区虎ノ門 4-3-12
デザイン・DTP …… 鈴木 大輔、仲條 世菜（ソウルデザイン）
校正 ………………… 西村 創（円水社）
印刷・製本 ……… 大日本印刷
編集 ………………… 山中 浩之

本書籍に関するお問い合わせ、ご連絡は下記にて承ります。
https://nkbp.jp/booksQA

ISBN 978-4-296-10604-2 Printed in Japan